財商教養學，帶孩子玩出FQ力

5歲起，從3個小豬公學會延遲享樂、控制欲望、有同理心，成為負責的大人

布萊恩兒童商學院創辦人
張森凱 Brian／著

前言

你想傳承給孩子什麼樣的財商DNA？

你知道嗎，你用錢的方式將深深地影響下一代！

小時候，你是否也聽過爸媽的告誡：「沒事不要碰錢，上面充滿了細菌！」這句話雖然是著重在衛生問題，但無形中可能也表達了大人對金錢的態度，彷彿錢和毒品是同樣「碰不得」的東西。當父母如此諄諄告誡孩子時，是否可能也讓孩子對金錢產生了異樣的眼光呢？

你或許會讓孩子參加許多才藝，或是讓孩子嘗試各式各樣的探索課程，但在金錢教育上呢？我相信，讓孩子擁抱正確的財商教育，就是掌握了未來贏得人生的必備條件。可惜的是，這麼重要的金錢觀念，學校卻沒有教，而父母也不知從何教起，最後只能放任孩子獨自摸索自己的理財方式，卻不一定能走向正確的道路。

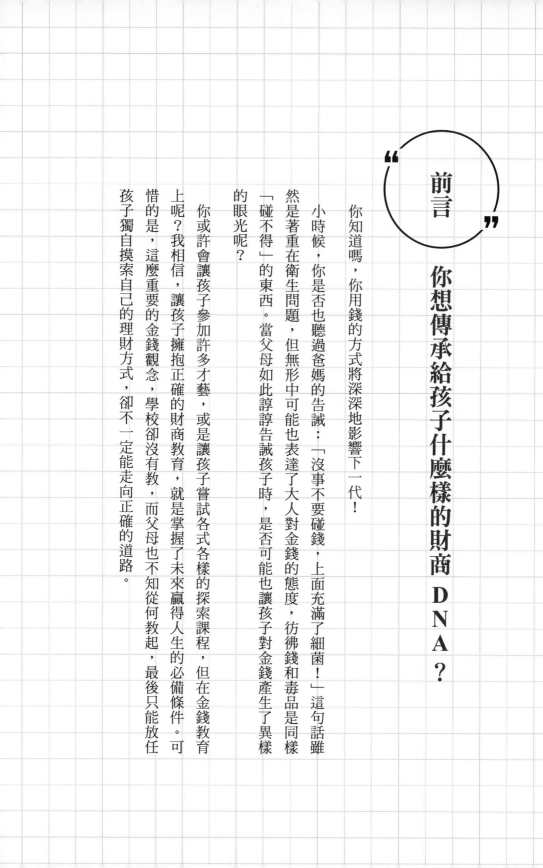

成為了兩個孩子的父親後，太太的一句話——以後孩子的理財就交給你吧！——讓我起心動念，想要為孩子找尋出一套合適的財商教學；另一方面，也想提取過去金融業服務超過十五年的經驗與心得，為父母進行正確的理財教育。

二〇〇八年歷經金融海嘯，我曾看過客戶資產縮水七成、陷入憂鬱症，也看過家族為了遺產分配而家破人亡的不幸狀況。我深深發覺，成人在財務上犯的錯誤通常難以彌補，付出的代價也極為巨大，因此覺得有責任為台灣的孩子、家庭的金錢教育投注努力。

如果有人問我，為何要關注兒童理財教育，我的答案是：「從孩提時代開始學習，『成本』較低！」一個五歲孩子犯的財商錯誤，可能只是買了自己「想要」的東西；一個三十多歲的年輕人犯的財商錯誤，也許是存不到第一桶金；而已屆退休年齡之人犯的財商錯誤，卻可能是沒有足夠的退休金維持生活——發現了嗎？越晚開始學習、犯錯，就將在財務上犯下越大的疏失，成本越高！

因為這樣的起心動念，我和太太成立了「布萊恩兒童商學院」，至今已為超過三萬人次的孩子進行財商教育。我們改變了超過三萬個孩子的用錢習慣，包含：瞭解「需要」跟「想要」、如何分配零用錢、正確地處理紅包、進行簡易投資……等，教學所觸及的區域不只從都會到偏鄉，更從台東到山東、從深坑到深圳……回想起來，我的職業生涯從金融服務觸及教育體系，這樣的轉換真是不可思議！

讓我覺得驕傲的是，我們有幸服務這麼多的孩子及其家庭，看見了孩子願意忍住消費欲望，學會不亂買東西、延遲享樂，懂得父母工作的辛勞進而感謝，也看見孩子在課程中願意與他人一起合作……我們深知這些小小的習慣改變，將讓孩子在生活、未來都有所不同。

對我來說，關於財務智商的學習，從來都不是孩子參加完理財營隊後就能結束的，這是一輩子的素養課程——而且越早開始越好。孩子越早認識金錢，越能避免往後的錯誤——誠摯建議父母們，在孩子五歲時就開始為孩子建立正確的價值觀與金錢觀！

從事兒商教育，我們有著「有效提升兒童財商，讓幸福從小扎根」的使命，所以在過去這幾年，我們努力在課程及相關的師資培訓、父母教育上進行突破，期盼讓財商的種子在更多孩子心中發芽，讓孩子與父母都能掌握自己的未來。

我們的努力也很幸運地被大好書屋看見，能將這幾年的工作心得集結成冊，與更多的父母分享。這本書將是你的理財教養工具書，讓你省下金額與時間，更是教導孩子金錢觀的捷徑。只需要投入一些時間，用書裡的方法引導、陪伴孩子一起落實金錢生活教育。這本書不只是給你步驟、方法去理解財務智商，更重要的是，這些關於理財的知識，將給予孩子一個公平競爭的機會。

我希望我們的孩子們，不僅可以贏在起點，更能贏在終點——贏在終點的核心能力，即是理財力——我們願意陪你從 0 開始，一起給孩子一生受用、正確的理財觀念。

CONTENTS

“Part 3”

學習當個金錢的好管家——消費，先別急著吃棉花糖

“Part 4”

理解工作與收入的關係——收入，天下沒有白吃的午餐

“Part 5”

學會分享，讓世界更美好——捐贈，幫助他人的寶貴能力

“Part 6”

在家也能教出富小孩——投資，從觀察生活開始

Part 7

進階不藏私！認識兒童理財帳戶與投資工具——從0開始累積孩子的第一桶金

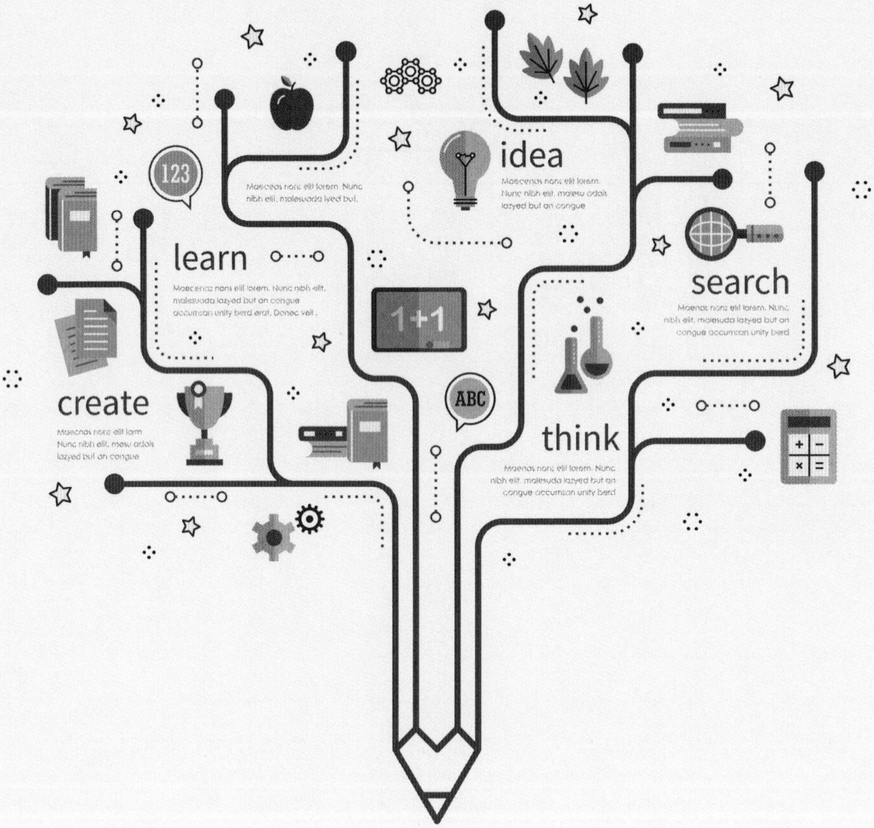

本章課題

★理解什麼是財務智商 FQ

★如何跟孩子討論金錢

★父母的正確心態

Part 1

讓孩子學習 FQ，能學到什麼？

一堂學校沒有教的理財課

與許多孩子分享金錢觀念、從事兒童財商教學多年，我才驚覺，原來該上課的是父母！許多父母自己就沒有理財的知識，要怎麼在生活中落實家庭理財呢？

本書將協助你與孩子一起落實生活中的財商教育，鼓勵父母們把它當作是學習理財的工具書。書裡提及的方式，大部分是我多年教學課程裡實際教學的方法，父母可以輕鬆地運用在生活當中。希望這樣有系統的教學，讓你可以跟孩子一起簡單學理財，在教導孩子的同時，也調整自身理財習慣，提升財務智商。

LESSON 1 每個人都要作答的財商考卷

你知道財商（Financial Quotient，FQ）嗎？財商，即為財務智商，是一個人「認識金錢」和「駕馭金錢」的能力，與「智商」（Intelligence Quotient，IQ）、「情商」（Emotional Quotient，EQ）並列為現代社會不可或缺的三大成功要素！

你的第一堂理財課是在什麼時候？

你一定經歷過第一堂美術課，或許你也記得第一堂音樂課Do、Re、Mi的發聲練習，當然還有接踵而來的英文、數學、自然課……我們窮盡兒少時光學習書本知識、課後才藝。但你知道嗎？所有才藝與知識，伴隨你的時間總是有限的，不過有一張名為「財務智商」的考試卷，在你還沒來得及學習前已經發下，而你也早已不知不覺地開始作答；考卷上的題目不是是非題，而是一連串的選擇題，每一個選擇都有蝴蝶效應般的影響，

FQ小教室 何謂財商？

財商即財務智商，是一個人「認識金錢」和「駕馭金錢」的能力，是一個人在理財方面的智慧。財商的概念，最早是由《富爸爸，窮爸爸》一書作者美國房地產和小型公司投資人羅伯特．T．清崎與註冊會計師、資深經理和諮詢專家莎倫．L．萊希特，於一九九九年四月首次提出。

殘忍的是，你必須用一生的時間去作答——但幸運的是，你可以從現在開始好好答題，贏得幸福！

身為父母，總是希望孩子長大後能獨立自主，讓自己的生活有更多選擇。不過我們常常忽略，財富自由不只來自於賺錢的能力，更取決於理財的能力！透過這本書，和孩子一同學習財務智商吧，教孩子的過程中，父母可以成為孩子的金錢啟蒙老師，更是影響他一生價值觀的「理財教練」，讓我們一起把這張財務智商的考試卷答得漂漂亮亮！

十七年真空的財商教育

在兒童財商課程中，我常常問父母一個問題：你的第一堂理財課在那裡上的？這時，通常會陷入一陣沉默，接著有人開始回答「大學時上過經濟課」，或是「我是學會計的」，也有人說是跟媽媽學的……其實，我們在大學學到的這些課程可能稱為「財務知識」，但並非教你「理財」，若你出社會後不是從事相關工作，用到這些財務知識的機會是少之又少的。

所以我說，這是真空的財商教育十七年，每個人從五歲到二十二歲的學齡歲月中，沒有人真正教過我們「理財」。而我們也可能放任孩子自己去尋找，在這十七年中獨自建立本身的金錢價值觀。

親愛的父母請仔細想想，雖然我們沒有在學校上過理財課，但你有沒有發現，我們都長出了自己理財及運用金錢的方式，也就是你自己的財務智商。這些養成可能是透過模仿、學習而來，卻不一定是正確的。所以我想跟父母分享，孩子的財商訓練其實跟大人並沒有太大的不同，就像我們大人有時也搞不清楚什麼是自己的需要？或僅僅只是想要？在本書的分享中，父母也可以同步學習。

FQ 教養重點

1. 「財務智商」是每個人都會碰到的重要課題！
2. 父母就是孩子的金錢啟蒙老師，更是影響他一生價值觀的「錢教練」。
3. 孩子的財商訓練其實跟大人並無太大不同，父母也可以同步學習。

LESSON 2
該怎麼與孩子討論金錢

我家有兩個男孩，有一天，我聽見他們在餐桌上有段與外公的有趣對話：

大兒子：「請問外公，《國語日報》上寫，寫信投稿參加比賽，得獎者可以得到兩百元稿費，什麼是稿費啊？」

外公：「作者向報紙或出版社投稿所得到的報酬，就是稿費。」

小兒子：「那哥哥，你明天就開始早點起來寫作吧！」

我心裡想說，拜託，哥哥剛上小一，才會寫字沒多久好嗎！

外公聽了，疑惑地問孩子們的媽媽：「他們兩個怎麼這麼想要賺錢啊？」

全家哈哈大笑。

這個在我們家中習以為常的對話，在外公耳裡聽起來覺得奇怪（雖然沒有指責的意思）：那麼小的孩子，怎麼會想要去賺錢？

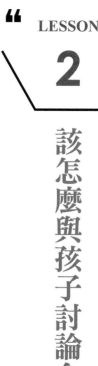

談錢，是培養孩子價值觀的好機會

大部分的父母在傳統文化的包袱下，會覺得談錢不自在。你有沒有這樣被提醒的經驗——「親朋好友間不要談錢，因為談錢傷感情」？

因為這種奇怪的觀念，讓很多父母不敢談錢，擔心進行金錢的討論會不會跟「自私」、「小氣」、「勢利」畫上等號。在這裡，我想請父母放心，和孩子討論金錢其實是建立孩子的品格、價值觀，以及培養正確管理金錢能力的好機會——一個可以控制金錢的人，他就能夠控制自己的人生。

何時開始跟孩子討論金錢？

那到底什麼時候開始跟孩子討論金錢，是比較恰當的時間呢？

其實，當孩子知道錢有支付的功能，或是會在物質上跟你討價還價的那一刻開始，父母就該正視這個狀況，並且把握機會，與孩子進行溝通。

年紀小的孩子可能比較沒有完整的金錢概念，所以你一開始必須跟他溝通的是「這些東西不是免費的」，讓他知道沒有不勞而獲的概念，進而告訴他「有工作，才有所得」的想法，這會是一個很好的開始。

如何跟學齡前兒童展開關於錢的對話？

「要怎麼開始跟幼兒談錢？」很多有著學齡前孩子的媽媽，都有這樣的煩惱。

美國知名理財顧問、財經作家貝絲．柯林娜（Beth Kobliner），在其著作《影響孩子一生的金錢對話》（*Make Your Kid A Money Genius*（*Even If You're Not*）：*A Parents' Guide for Kids 3 to 23*，先覺出版）中提到，未必要談那些具體的數字，而是先為孩子建立工作與金錢的連結，像是要求他們每天做點簡單的家務事，就算孩子只有一歲半，也可以幫忙收鞋子、掛外套；年長一點就可以開始擦拭碗盤、清潔桌面等等，用意在於將家事融入孩子的日常生活。

貝絲．柯林娜建議父母可以找一天，帶孩子跟自己一起上班，認識父母的工作內容，向他強調——有工作，才有錢買房子、食物與玩具；有機會就跟孩子聊每天生活中看到的工作，如餐廳老闆、醫生、技師……等，讓他們知道周遭這些人都是在工作賺錢，在心中種下自己以後要認真工作的念頭。

從生活出發，找出和孩子討論的各種素材

其實，生活中面臨的各種事件，像是油價與物價的浮動，都可以跟孩子進行相關的討論——將看似複雜的生硬新聞加以簡化，向孩子說明。而最近面臨的嚴重特殊傳染性肺炎（又名新冠肺炎，Coronavirus disease 2019，縮寫為 COVID-19），父母除了跟孩子說明為何要戴口罩、勤洗手之外，也可以聊聊這波疫情會對哪些產業造成影響？人們不敢出入公共場所、盡量少出門，是不是大大地影響

理財，就是生活！

教孩子學習理財，其實不需要灌輸他們很生硬的知識，而應該從日常生活著手。我們十分重視這本書與生活的連結，讓財商能力在日常生活中自然地培養、累積，讓孩子覺得金錢好有趣，他才會主動、自發地學習且成長。

旅遊、航空及餐飲業？如果你是這些產業的老闆，你有何因應之道？這些都是可以跟孩子談談的素材。

我們提倡「理財」就是「生活」，教孩子學習理財，其實不需要灌輸他們很生硬的知識，而應該從日常生活著手。我們十分重視這本書與生活的連結，讓財商能力在日常生活中自然地培養、累積，讓孩子覺得金錢好有趣，他才會主動、自發地學習且成長。

越早開始，恐懼越少；越多練習，效果越好

你對於孩子的金錢提問感到害怕嗎？別擔心，在本書中你可以直接找到答案，回答孩子的疑問。

其實，恐懼就是怕，「怕」這個字拆開來看即是「心裡空白」。大多數人很容易對未知的事物感到害怕，就像我們可能很少有機會跟孩子討論金錢，對孩子關於錢的提問也總是感到不知所措。在我們的觀察中，許多父母不是不願意回應孩子的疑問，而是怕「回應錯誤」，也可能仍在找尋一個比較好的答案。

我們應該學會與孩子進行金錢上的溝通，將每一次孩子的提問，都視為「一個和孩子

在金錢上取得共識的機會」，必須要好好把握。若父母在此時把握住了這個機會，就能夠好好地傳承關於財商的智慧。

其實，兒童理財教育「理」的不是財，而是對金錢的一種控制，這會是一個長遠的重要工程，若基礎建設做得好，長大後在財務上犯的錯當然會比較少。當你的孩子能控制欲望，接下來再學習理財，這才是正確的順序——記得，及早開始，恐懼越少！

我們也相信，財務智商的累積是需要練習的，就像學習語言一樣，練習的次數越多，當然效果也就越好。

FQ 教養重點

1. 一個可以控制金錢的孩子，未來就能夠控制自己的人生。
2. 當孩子知道錢有支付的功能，或是會在物質上跟你討價還價的那一刻，父母就可以開始跟孩子開始進行金錢的討論。
3. 正確順序是：先控制欲望，再學習理財。

LESSON 3

自學財務智商，父母應具備的三種心態

自學教育在台灣越來越普及，關於非體制的教育也非常受到重視，很多家庭還需要移居到相關體制學校附近，以便就近照顧孩子，主要的目的是讓學校的學習跟生活學習能夠一致，學費亦所費不貲。

古時的孟母三遷，在現代社會看來變成了一種常見的現象；我很佩服父母的勇氣，這意味著父母要做出犧牲，大幅調整原有的生活形式。

財務智商的自學教育

無論是自學或是尋找就學上的新選擇，都可能意味著一件事，就是傳統的學校教育已經無法滿足現在所有的孩子——在我們的觀察中，金錢教育尤其如此。鄰近的國家無論是新加坡或是香港，早在十多年前就將金錢教育編進國小課綱，他們希望孩子對金錢有一個基本的認知，學習財務智商，即是學習對於使用金錢的控制能力，若能在孩提時代落實相關的教育，就能避免許多未來潛在的社會問題。

我們深深體會到，我們的孩子在就學的十七年間，會進出校門許多次，學習很多能力，來應付日後工作所需；可是當他進入社會那扇大門後，卻發現學校教會了他們技能、獲取報酬，但並沒有教會他如何處理工作換來的收入。俗話說，「一分耕耘，一分收穫」，我們都知道有付出才有收入——但可惜的是，沒有人教我們「該如何處理」那份得之不易的收穫。

用釣魚來比喻，這就像是學校給了孩子魚竿，也教會他釣魚的技術，日後他也釣到魚了——但是，孩子每餐只能吃生魚片，因為他根本無法料理。我認為，兒童財商就像是除了釣魚，更學會生火、刀工、火候，習得食材、器皿的挑選，最後還可以組織團隊、一起捕魚（系統式收入）……讓孩子在學會維生的技能後，能夠更進一步，學習管理、運用自己的所得。

三個基本教養心態

很多父母聽到「理財」或是「經濟」這些字眼，很容易就馬上關起耳朵。假設在你眼前，擺上《經濟日報》及《蘋果日報》兩份報紙，讓你選擇其中一份閱讀，我想，大多數人都會拿起後者吧？娛樂跟八卦總是比較能吸引人們的關注，且對於這些議題大腦也不必多加思考，對吧？

大多數人不選擇《經濟日報》的主要原因，是無法理解當中的內容，對於聽起來很嚴肅的經濟用語感到頭痛，也覺得當中的內容與自身無關，當然不願意花時間去瞭解。

我們來看看下方這則新聞，你的想法為何？

（中央社紐約 17 日綜合外電報導）

受到美中達成貿易協議以及美國經濟數據亮麗激勵，國際油價今天上揚。美國 11 月份新屋開工和營建許可以及工業生產數據亮麗，增加投資人對美國經濟的信心。紐約商品交易所西德州中級原油明年元月交割價上揚 1.2%，來到每桶 60.94 美元。倫敦北海布倫特原油明年 2 月交割價上漲 1.2%，來到每桶 66.10 美元。

（中央社 -2019-12-18）

是不是覺得內容生硬，難以理解？放心，布萊恩老師並沒有要在這裡解釋目前中美關係下的油價波動，也不是想嘗試教會你如何透過這樣的新聞買進相關的油價金融商品……這些都不是我要告訴你的重點。

各位父母，看到這則新聞，我們其實可以透過以下的方式與孩子溝通。

這樣的問答，是不是就能輕鬆地把困難的經濟知識帶進生活中？其實，理財就是生活，生活就是理財。父母們請放心，我們絕不談艱深的道理，而是要協助你用白話教孩子學會理財。

爸爸：小朋友你知道嗎，下週爸爸去加油可能油價會變貴耶。

孩子：為什麼呢？

爸爸：因為美國有很多蓋房子的公司跟工業都表現得很好哦，這些都是一個國家的基礎建設，基礎建設投入得多，很多人就對這個國家產生信心，也願意投資它，當然這裡頭有很多的工廠，他們在營業時跟石油就有關係，這樣公司或工廠就需要買更多的石油用來建造或生產，石油的需求也會越來越大，那你覺得油價是越貴還是越便宜？

孩子：越來越貴，因為東西越多人買就越貴。

爸爸：答對了！

首先，我希望父母親能先建立三個基本的心態。

把金錢當作一種教具，反覆練習

若你想及早用正確的方式帶領孩子建立觀念，第一步在心態上，你應該先把金錢當作是一種「教具」，這份教具是用來訓練孩子用錢的方式及其行為，而你就是孩子的第一位「金錢老師」——可從「練習」的心態開始。

還記得我們以前在玩大富翁時，手裡拿著遊戲鈔票，一棟一棟地買房子？還有翻開機會卡、命運卡的驚喜？當時你手中拿著的遊戲鈔票，就是遊戲裡的教具，若是在遊戲裡虧錢了，你也不會難過太久。

在真實世界裡，我們當然不會給孩子一大把鈔票讓他隨意購買，不過，我希望父母在這段期間，先把金錢視為一種教具，重點在於讓孩子練習——就算此時犯錯，也還在可以接受的範圍，當然也有時間加以調整。

現在領取現金的地點相當多，試想一個畫面，當父母帶孩子到便利商店去領錢，但結帳時以信用卡或手機支付——看到這樣的情景，孩子們會怎麼想呢？——是否會誤以為

> **學理財，就像學語言，需要練習！**
>
> 金錢是一種工具，也像是一種語言，
> 練習得越多，技巧就越好！

大人出門就有錢可以拿，購物也不用支付就可以帶回家……在這個時代，我們很少看到「錢實際被交易出去」，但是孩子卻很常看見「現金從自動提款機跑出來」。

所以，我們必須給孩子接觸金錢的機會，在心態上也必須把金錢當作教具看待，並耐心反覆地讓孩子操作它。

FQ的建立，是用聊出來的

猶太人說過：「越早開始學習理財，就越早邁入獨立自主的人生。」

我猜父母害怕跟孩子談錢，可能是害怕孩子變得勢利、貪財，或者其他負面品格、行為。其實，跟孩子談錢真的非常重要，因為我們現在生活的社會是一個經濟社會，未來則將會是比現在更加發達的經濟社會。

我們的生活、工作有很大部分都是在與錢打交道，若是父母不談錢，學校也不談錢，那孩子要從哪裡學習到和金錢有關的知識和技能呢？所以，我們必須要跟孩子談錢；除此之外，更重要的是談「價值觀」。

舉個例子，當孩子提出想買樂高（LEGO）的要求時，你該如何進行討論？是答應他？或是拒絕他？這其實需要一個對話的過程，而財商的智慧就在聊的過程中產生了。

用遊戲的心態進行，並且容忍孩子犯錯

一位七歲的孩子可能犯的財商錯誤，無非就是亂買東西，然而，我們成人會犯下什麼財商錯誤呢？

三十歲的成人犯的財商錯誤，可能是成為月光族、啃老族，沒辦法存到第一桶金；六十歲、已屆退休年齡之人犯的財商錯誤，可能是沒有足夠的退休金能夠安享晚年——越晚開始犯錯，錯誤就影響更巨，你感受到差距了嗎？

孩子現在正是學習的好階段，他有大把時間犯錯，也有大把時間修正——最重要的是，孩子現在玩得起，對父母來說成本也較低。我們不要過早地介入孩子對於購買或是儲蓄的判斷，因為孩子現階段正處於犯錯及進行修正的階段，這些經驗會相當寶貴。

如果人的一生至少都要犯一次關於金錢的錯誤，我一定選擇在孩提之時。我深信兒商教育最大優點就是成本低，而父母用遊戲的心態帶領孩子進行，是很重要且具有價值的。

FQ 教養重點

1. 教孩子理財觀念時，要把金錢當作一種教具，並給孩子反覆練習的機會。
2. 金錢觀最好是建立在親子的對話上。
3. 容許孩子有犯錯的機會。

LESSON 4 「好情商與好財商」

現代社會關係複雜，許多社會問題大致可區分為三大方面——情感、權力與金錢。例如情感關係不平衡，以及關於權力、位置上的不平等，產生不愉快甚至鬥爭等社會事件。除此之外，還有金錢分配不均、貧富差距的問題，可能在借貸產生糾紛，或是爭奪遺產等，都與金錢息息相關。

無論是情商、財商，對於孩子的人格培養都是非常重要的，身為父母的我們，都該好好學習重視這門課，與孩子儘早在金錢進行互動，讓孩子培養「控制金錢」的良好能力。

學習理財，也能教出好品格

沒有好的情商就沒有好的財商，一個人使用金錢的方式，以及人格特質和態度，有很明顯的正相關。

美國百萬富翁營（Camp Millionaire）創辦人伊莉莎白·多納蒂（Elisabeth Donati）說過，一個人做一件事情的方法與態度，就是他面對所有事情的方法與態度。我們認為，兒童理財教育的本質，其實也是一種生命教育，並且特別彰顯在以下三大品格：

責任感，為自己擁有的金錢與未來負責

一個孩子如果能學習為自己的金錢負責，未來就有很大的機率能為自己的人生負責。金錢是汗水的報酬、智慧的結晶，也是能力的證明；它是一種尊嚴，更是一種肯定。孩子看待金錢的方式若不正確，後果必定堪憂。

大家都曾經在學校看到有小朋友喜歡「用錢交朋友」，像是常常把自己的東西送給他人等。如果發生類似的狀況，父母一定要藉著這個機會教育孩子：「用這種方式交到的朋友，其實只是喜歡你的東西，而不是喜歡你這個人。想想看，當你沒有錢、沒有這些東西的時候，你覺得這些朋友還會在嗎？」

現在社會型態與以前傳統社會已大不相同，現代的孩子可能受到不同網路與社群的影響，因此親子關係、家庭教育非常重要，需要父母更加重視。若能慎重地告訴孩子：「每

一塊錢的收入，都是爸爸媽媽曾經付出過努力所獲得的。」讓孩子學會珍惜也會加以善用，就能對金錢產生了責任感。

控制力，解決問題、控管預算、團隊合作、掌握時間&情緒

有句話說，當我們的野心超過能力時，就是災難的開始。像是有些人心情不好就想Shopping或大吃大喝，其實就是顯示著無法有效控制自己的情緒。關於情緒、金錢的控制能力，都需要反覆操作、練習，需要親子一同努力。

財商是一個人認識金錢和駕馭金錢的能力，也是一個人在理財方面的智慧。駕馭的能力就是一種控制力，很像學習駕車的前期，我們要會控制方向盤，注意路線、交通、燈號指示，以及保持前後的車距等，等到熟悉了這些模式、上手以後，開車自然成為一種習慣，較不花力氣。在金錢上的「控制力」，就跟練習操作方向盤一樣，配合油門的適當踩踏，就可以開往勝利的康莊大道。

在財商中要學習的控制力，包括解決問題的能力、控制預算的能力、團隊合作能力、掌握時間及情緒控制。這些累積並非單一的素養學習，而是需要多元培養才能造就而成。

抉擇力，學習機會成本與取捨

機會成本，是指在面臨多方案擇一決策時，被捨棄選項中的「最高價值者」。舉個例子，父母帶孩子到了超商，提供兩個產品——如布丁與養樂多——的選項，讓孩子選擇其中一樣，若孩子選擇要買布丁，養樂多就是他捨棄的選項，也即是他的機會成本。選擇，就是學習取捨，在「魚與熊掌不可兼得」中的得與失之間，也是財商教養的其中一環。孩子有時會花很多時間在做選擇，甚至舉棋不定，而這當中的「時間」，其實也是一種成本。

FQ 教養重點

1. 兒童理財教育的本質，其實也是一種生命教育。
2. 學習財商，能讓孩子學習責任感、控制力以及抉擇力。
3. 時間，也是一種機會成本。

LESSON 5

學習理財，從善用時間開始

你的孩子放學後回家，會先寫功課，還是先玩？你曾因為孩子做事沒有效率而感到困擾嗎？

時間的分配，也是一種控制力的表現。在我們觀察中，會善用時間的孩子，一定能有效率地善用金錢。我們曾經在課堂中給予孩子通關任務，模擬放學後回家的狀況，要他在緊迫時間下完成任務，包含寫回家功課、打電動、與同學通電話……把這些任務大致區分為急迫性或重要性，觀察孩子如何分配時間。

在給予孩子時間限制及催促下，我們觀察到，只有二十%的孩子能完成當中的任務。而在後續的訪問及追蹤中，我們更發現，這二十%的孩子在金錢分配上，確實也較有紀律，能夠延遲欲望。

時間就是金錢嗎？跟猶太人學時間觀念

談時間其實比談金錢更重要，你一定聽過「一寸光陰一寸金，千金難買寸光陰」吧？

你認為時間就是金錢？其實不是，我們來看看猶太民族怎麼看時間的。

猶太人是非常會賺錢的民族，在他們的認知裡，時間可是比金錢更為重要！他們確切地知道，時間代表著生命，如果能夠提高做事情的效率，他們是非常願意「花錢」的——因為只要買到了效率，就等於買到了時間。他們認為，提高效率就能夠節省時間，所省下來的時間，還能去賺更多！

退休，是不緊急卻重要的事！

退休是個嚴肅又殘酷的議題，大部分的人退休是因為時間到了，而不是退休金足夠了。政府規定六十五歲開始可以申請年金，作為退休的經濟來源之一，所以一般人會以為退休的年紀應當在六十五歲。但是，萬一到了這個年紀，還沒有存到足夠的退休金，該怎麼辦？一般來說只有兩條路：一是延長工作時間，二是降低退休後的生活品質。
這兩個選項你都不想選嗎？別擔心，我們現在還有時間做準備。正視退休金的準備，雖然不緊急卻十分重要，請現在就開始計畫吧！

除此之外，錢可以再賺，產品可以再造，只有時間是一去不復返的！因此，時間實在比金錢重要太多了。會善用時間的孩子，在金錢處理上同樣如魚得水，也相對提高未來成功的機率。

重視「重要，但不緊急」的事情

其實，安排時間是有方法的，所有的事情都有輕重緩急之分。可惜的是，大部分的人都是只做「重要又緊急」的事情，但如果我們老是只做重要又緊急的事情，人生肯定是團團轉的——其實，除了重要又緊急的事情，我們也應該做「重要，但不緊急」的事情，也就是為未來計畫與做準備。

同樣的，在金錢的分配上，也有輕重緩急之分。

我常在課堂上問父母：你們會退休嗎？你預估幾歲退休？我們都知道要準備未來的退休金，才能過好退休生活，但是大多數人並不是明天就會退休，所以通常不會規律地加以計畫，可能當退休那一天來臨的時候，才發現退休金難以維繫生活所需——這當下，已經是緊急又重要的事了。但是，如果你能夠提早規畫退休金，它就是你現在「重要，但不緊急」的事情。把重要但不緊急的事情做好了，就能擁有從容不迫的人生。

「FQ 教養重點」

1. 學會控制時間的孩子，就能控制金錢，也能掌握自己的未來。
2. 談時間其實比談金錢更重要！
3. 除了重要又緊急的事情，也應該重視「重要，但不緊急」的事情。

必學！N字管理法

在這個單元，跟孩子一起來學習，
如何利用N字管理法來妥善管理我們的時間吧！

小朋友，你是一個動作快，還是動作慢的人呢？你的時間夠用嗎？

事實上，當你越長大，事情只會越來越多。如果現在就覺得時間不夠用，你可能要調整一下你做事的方法囉！當你覺得事情很多時，先別急著沒頭沒腦地開始做，你應該先坐下來，為事情做個排序。利用這個N字管理法，你就會很清楚地知道，應該先做哪一件事。

親子都適用的 N 字管理法

父母們也可以使用這個方法，畫出一個屬於你的生活 N 字管理法。當事情很多的時候，先不要沮喪，把事情寫下來、一件一件排進去，然後有條理地安排每一件事，一起和孩子善用時間、擁抱效率！

我們相信，學會分配時間就等於學會了分配金錢，時間控管有輕重緩急，處理金錢亦是如此。讓孩子在學習金錢的同時，也讓他學會分配自己的時間，如此的效果更能相得益彰。利用學習「N 字管理法」的機會，建立一些生活常規，讓孩子學會開始珍惜、善用時間吧！

COLUMN

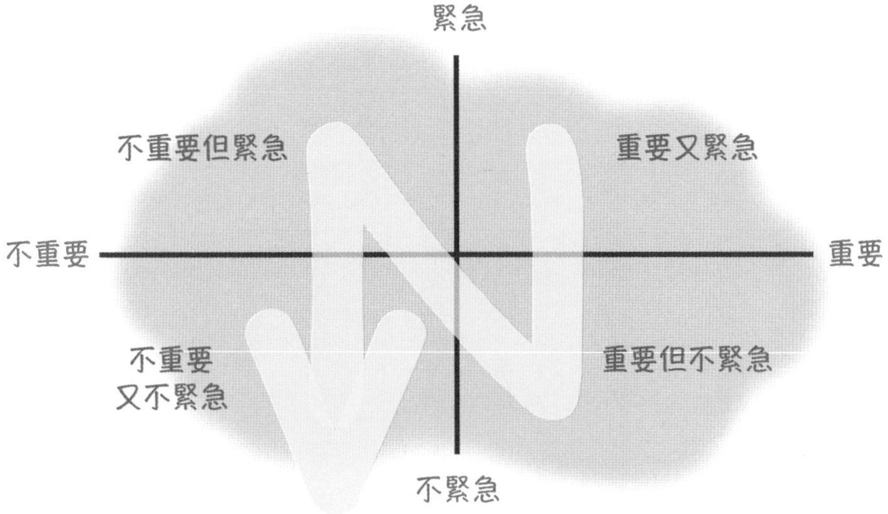

1. 首先畫一條橫線，在橫線的右邊寫上「重要」，左邊寫上「不重要」。
2. 在橫線的中間畫一條直線，上面寫「緊急」，下面寫「不緊急」。
3. 接下來，你可以開始畫一個大大的英文字母 N 在上面。
4. 看到了嗎？事情的順序排列出來了！從右上方開始跟著 N 走，你最先應該做的，就是「重要又緊急」的事；然後花一點時間，處理「不重要但緊急」的事情；接著是「重要但不緊急」的事；最後才是「不重要又不緊急」的事。

布萊恩：「先想想看，你今天有哪些事情要做呢？」

阿財：「明天要交數學作業，下個星期也要交美術作業了。還有，小明晚上和我約好打電話聊天，而且晚上六點我要看卡通。」

布萊恩：「好，看起來你今天有四樣事情要做。剛才我說過，我們要先做『重要又緊急』的事，你有發現哪一件事情又重要又緊急嗎？」

阿財：「嗯，數學作業和美術作業都很重要，可是比較緊急的應該是明天，所以數學作業是『重要又緊急』的事。」

布萊恩：「好，我們把數學作業放在第一格裡。那哪一件事是『緊急但不重要』呢？」

阿財：「電話響了一定要接，算是緊急的事。但是小明只是找我聊天，應該就沒那麼重要吧？所以跟小明講電話，應該算是『緊急又不重要』的事。」

布萊恩：「這時候，你應該在小明打電話來時，跟他說你必須先忙其他的事情，有空再跟他講電話，或是你們可以在學校聊，反正明天在學校就會見面了啊。」

阿財：「你的意思是，我要先處理『緊急不重要』的事，但不能花太多時間，對嗎？」

布萊恩：「沒錯。那你有發現哪一件事是重要但不緊急的嗎？」

阿財：「美術作業很重要，但是下星期才要交，所以算是重要又不緊急的事。」

COLUMN

布萊恩：「沒錯！但是當你有空時，就要多多處理重要但不緊急的事，因為如果你都不處理的話，有沒有發現這件事很快就會『搬家』，搬到『重要又緊急』的事了——當你重要又緊急的事越多，你就會越忙越緊張！」

阿財：「哦，所以讓自己不忙的祕訣，就是常常處理『重要但不緊急』的事！」

布萊恩：「那就剩下最後一樣了——你知道為什麼看卡通是『不重要又不緊急』的事情嗎？」

阿財：「因為看不看，其實都沒有關係呀！就算錯過了，也有重播或是 YouTube 可以看。」

布萊恩：「沒錯！讓我們再整理一下這四件事情的分配順序吧，第一件要進行的就是重要又緊急的事，也就是明天的數學作業；再來要處理重要但不緊急的美術作業；第三，跟小明講電話是雖然緊急但不重要的事；最後呢，看卡通本身不重要也不緊急，沒時間的話，其實不看也沒關係，所以是第四件事。」

阿財：「嗯，太好了，我知道該怎麼做了。謝謝老師。」

用 N 字管理法，擬定「到家後的 SOP」！

父母們，現在就開始協助孩子，將放學後的事務建立先後順序，擬定一個「到家後的 SOP」，讓孩子建立生活好習慣，也學會當時間的主人！

LESSON 6
從認識貨幣開始學習FQ

建立好帶孩子學習FQ的心態之後，我們就可以開始逐步帶孩子認識金錢了。

第一步，就是讓孩子從認識「貨幣」開始。

最早的人類是沒有貨幣的，父母可以和孩子一起想想看，在沒有貨幣的情況下，要怎麼進行交易呢？

沒錯，當時的交易，是使用「以物易物」的方式進行的，也就是用「我的這個東西」來換「你的那個東西」。

帶孩子認識我們所使用的貨幣

那麼，為什麼要使用貨幣呢？

貨幣，是為了提高交易效率而用於交換的中介商品，它有多種形式與面貌：

- 自然物：像是貝殼、糧食如大麥等。
- 金屬、紙張等加工品：我們所熟悉的金屬硬幣、紙鈔形式。
- 磁條卡：現代社會所使用的銀行卡、信用卡。
- 加密貨幣：如行動支付，或是相關 APP 程式軟體。

當孩子在學齡前的三至四歲間，我們可以開始跟孩子介紹貨幣——從金屬硬幣、紙鈔的顏色、形式到上面的人物是誰，帶孩子認識我們所使用的貨幣。

常見硬幣

面值	名稱	直徑	重量	正面圖案	背面圖案
1	壹圓	2 公分	3.8 公克	蔣中正肖像	壹圓字樣
5	伍圓	2.2 公分	4.4 公克	蔣中正肖像	伍圓字樣
10	拾圓	2.6 公分	7.5 公克	蔣中正肖像	拾圓字樣
20	貳拾圓	2.685 公分	8.5 公克	賽德克族抗日英雄莫那・魯道肖像及霧社抗日紀念碑	蘭嶼雅美族（達悟族）拼板舟
50	伍拾圓	2.8 公分	10 公克	孫中山肖像	圓形圖案內含「五十」及「50」字樣的隱藏圖案，其兩側各一束稻穗

常見鈔券

面值	名稱	主色調	尺寸	正面圖案	背面圖案
100	壹佰圓券	紅色	14.5×7 公分	孫中山肖像	中山樓
200	貳佰圓券	綠色	15×7 公分	蔣中正肖像	總統府
500	伍佰圓券	咖啡色	15.5×7 公分	體育（少棒運動）	大霸尖山、梅花鹿
1000	壹仟圓券	藍色	16×7 公分	教育（小學生上課）	玉山、帝雉
2000	貳仟圓券	紫色	16.5×7 公分	碟型天線、中華衛星一號	櫻花鉤吻鮭、南湖大山

（資料來源：中央銀行）

等孩子到了五歲，父母就可以開始與孩子討論一下貨幣的用途有哪些。

- 交易媒介：主要取代以物易物的方式。
- 價值的單位：將每樣商品價值加以量化的單位。
- 價值儲存：像是存錢，可以儲存起來。

貨幣不只可以交易購物，還可以分割、儲存，甚至可以分享給他人，在管理上非常方便，是現代社會中不可或缺的金錢使用模式。

FQ 教養重點

1. 在學習理財之前，先帶孩子認識我們使用的貨幣。
2. 貨幣有許多形式，包含常見的硬幣和紙鈔。
3. 貨幣的功用除了交易，也能儲存與記帳。

從交易演進學財務智商

拿錢買東西，似乎是一件很理所當然的事。但是小朋友，你們有沒有想過，錢是從哪裡來的？人類為什麼會需要錢？最早以前的人就是用錢在買東西嗎？

其實，我們現在所用的紙鈔和銅幣，源自於一個很漫長的演進，是好幾千年以來人類智慧的結晶呢！

從生產到交換

在很久以前的遠古時代裡，還沒有「錢」這種東西，當時的人們已經群居生活，也會耕種和飼養牲畜了。在那個時代，每個家庭的爸爸、媽媽都不需要去市場買蔬菜水果，也不用去百貨公司買衣服。你一定很好奇，他們吃的、用的東西從哪裡來呢？

當時的每個家庭，都要生產自己所需要的食物、衣服和工具。有的家庭種植出比較多的蔬菜，有的家庭生產出比較多的工具，而住在海邊的家庭就會有魚可以吃。所以，人

COLUMN

們開始會拿自己生產比較多的東西，去交換自己所缺少的。這個交易的行為就叫做「以物易物」，也是人類最早買東西的方式。用自己的東西「買」別人的東西，是不是很方便呢？

像是村莊裡的王大牛，看到隔壁陳老爹做的木頭椅子很不錯，就帶著自己種的一籃青菜去找陳老爹，用青菜和陳老爹換了一把木頭椅子。這樣子「以物易物」的行為，讓每個家庭都可以把自己生產有餘的東西，換成需要的東西，這就是人類最早期的交易方式。

以物易物的缺點

但是，「以物易物」也常常會讓人起紛爭。像是住在海邊的李爺爺，聽說陳老爹的椅子做得牢靠又堅固，於是他帶著幾條新鮮的魚，也想來「換」一把木頭椅子。李爺爺走了半天才到了村莊，沒想到天氣太熱，出門時明明是很新鮮的魚，竟然發臭了。陳老爹不想要不新鮮的魚，就不願意和李爺爺交換；李爺爺想到自己走了那麼久，扛了那麼重的魚，辛苦卻都白費了，忍不住對陳老爹破口大罵。陳老爹覺得很無辜，於是兩個人就吵起架來，再也不相往來了。

陳老爹決定去找好朋友王大牛訴苦，順便看看有什麼可以交換的，所以帶了些木頭工具來到王大牛家門口。這時，王大牛正牽著羊要去市場交換東西，陳老爹覺得羊很不錯，打算用木頭工具交換，王大牛搖搖頭：「我的羊很有價值，羊肉可以吃，可以生小羊，還可以生產羊奶，不換！」陳老爹想到辦法：「那你把羊腿割下來，我的木頭工具換這羊的一隻腿剛剛好。」王大牛聽了就急起來：「我把羊腿切下來，我的羊還能活命嗎？不換不換！」陳老爹覺得王大牛不知變通，王大牛卻覺得陳老爹不講道理，於是兩人吵了起來——本來要找王大牛訴苦的陳老爹，反而又和好朋友吵架了。

交易媒介的出現——天然貨幣

小朋友，你發現了嗎？以物易物雖然很方便，讓人們可以用自己多餘或善於製造的東西，換到自己所沒有的東西，但因為沒有一個「交換的準則」，讓人常常爭執於商品的「大小」和「新鮮度」！聰明的人類想到了辦法，他們開始用某些物品來當成交易的媒介，像是貝殼、茶葉、皮草、礦石或珍貴的金屬，這樣的東西不但方便攜帶，也不會像王大牛的羊一樣無法切割，更不會像李爺爺的魚一樣發臭，甚至可以儲存起來呢。

其中，貝殼是最廣泛使用的一種交易媒介。在現今的亞洲、非洲、美洲和澳洲，都曾

COLUMN

有使用貝幣的歷史。有的地區使用形狀完整的貝殼，有的地區會把貝殼做特定的加工。貝幣不但有珍貴美麗的光澤和花紋，更是堅固耐用、不易破損，可用以小單位的計算，並且方便攜帶。貝幣的功能，是不是很像現在常見的銅板呢？

但是，我們現在已經不再使用貝殼了。每次布萊恩老師請小朋友思考一下，為什麼人類不再使用好處多多的貝幣，常常有小朋友很擔憂地說：「大家都把貝殼拿來當錢用，那寄居蟹就沒有家了。」為寄居蟹擔心的童言童語，總是讓布萊恩老師覺得很可愛，也點出了使用貝殼的主要問題——數量。

難以偽造的金屬貨幣——銅板

要找到能做成貝幣的貝殼，數量上是沒有那麼充足的。因此，很多國家的人，都找到了更棒的材質，來製作大小、重量統一的交易媒介。你猜到了嗎？就是金屬。

用於製造貨幣的金屬，有金、銀、銅、鐵……等。金屬的貨幣需要製造、加工，不像貝殼可以從自然界直接取得。這樣一來，就可以由政府單位統一發行，又能更精細地做出大小、重量、顏色相同的統一貨幣，甚至可以刻上獨特花紋或是統治者的頭像，讓貨幣難以被一般人偽造。大家現在所使用的銅板，就是這樣演化而來的。

方便安全的選擇——交子／紙鈔

那麼，紙鈔又是怎麼出現的呢？

金屬貨幣雖然方便，但是當人們四處做生意時，就有些問題了。金屬貨幣很沉重，要是數量一多，還得用馬車才能攜帶，而且容易被人搶劫。有沒有更安全輕省的方法呢？

一千多年前，最早發明造紙術的中國人，想到了解決的辦法。北宋時，四川有信用的商人們開出一種票據，叫做「交子」，可以先在故鄉把錢存進發行交子的商鋪，得到一張單據，證明存了多少錢。接下來，就可以輕鬆又安全地帶著這張交子，到不同城市做生意，到了當地，再憑著交子把錢領出來。薄薄的一張交子就等於錢了，是不是很像現在的紙鈔呢？

現代社會的貨幣樣式——信用卡與電子支付

銅板和紙鈔就這樣被使用了很長一段時間，每個國家都會發行屬於自己的銅板與紙鈔。隨著交易行為越來越複雜，需求也越來越多，貨幣又出現了新的樣式。

COLUMN

當你看到爸爸、媽媽買東西時，常常已經不需要從錢包拿出紙鈔或銅板，他們會直接拿出一張卡片給店員付帳，或者將卡片的資訊存在手機裡，只需要用手機感應即可——這樣的卡片叫做信用卡。也就是說，結帳時，你付出的不是錢，而是你的「信用」。

你一定會覺得很驚訝，「信用」可以用來買東西？怎麼買呢？

先來想一想什麼是信用。信用，是一種誠實美德，如果你是一個很有「信用」的人，就很容易讓別人信任你。像是和爸爸、媽媽約定的事情都有做到，他們知道你是可以信任的，就會開放比較大的權利給你——像是可以在遊樂場裡玩久一點、和同學單獨去午餐，或是先玩兩個小時再寫功課。

要維持你的好信用，你就必須遵守回家的時間、不做危險的事、準時完成功課。當信用一直維持在良好的狀態，你就能一直享受這樣的權利，甚至，爸爸、媽媽還會開放更多的事情讓你獨自完成，因為好的信用表現是能讓人放心的。

相反地，如果你不遵守承諾，到了約定該回家的時間卻賴皮不走，和同學去玩也不準時回家，玩了很久卻不寫功課……只是為了達到目的而草率訂下承諾，卻做不到自己說好的事，就是沒有「信用」。我相信只要一兩次不守信用，很快地爸爸媽媽就會取消你的權利了。

優惠、分期付款與延期支付

在大人的世界裡也是如此，每一個人的「信用」都很重要。當我在商店裡看到一樣喜歡的東西，明明身上沒有帶錢，卻可以先用信用卡支付——我的「信用」讓銀行先幫我付了這筆錢，甚至可以「分期付款」，把這筆錢分成好幾個月來還。

但是，到了該付錢的時候，我就得在期限內把這些錢還給銀行。銀行喜歡信用很好、準時還錢的人，它會逐漸地給你更多的權利，讓你可以借貸更多的錢。

小朋友，你知道為什麼很多大人喜歡使用信用卡了嗎？因為它讓人們交易起來更方便了，不用帶大量的現金出門就可以購物，就算是錢不夠也可以先購買；此外，銀行還常常推出很多信用卡優惠，甚至可以累積點數、兌換商品。

信用，關乎一生的理財品格

但是，在大人的世界裡，不守信用的結果就不只是像被禁足這麼簡單了。如果時間到了你繳不出錢，除了原本該還的錢，你必須在之後繳交更多的利息，很多大人因此累積

COLUMN

了好幾百萬的負債，讓大好前途蒙上陰影。當然，銀行會停止你使用信用卡的權利，也會留下記錄，當你以後想要買房子和車子、做生意，都不再容易和銀行借錢了。

除了信用卡之外，還有很多種付款方式，像是儲值卡、預付卡、轉帳卡。這些都是讓你方便交易的工具，好好地善用它，會帶來很大的便利——但也別忘了好好管理自己的財務，量力而為。讀讀本書 P.130 關於「聰明購物 123 法則」的部分，讓你能當一個金錢的好管家。

下次，當你買東西的時候，別把它當成一件理所當然的事。思考一下，從古早以物易物的原始交易，到現在如此輕鬆方便的消費行為，這可是幾千年來人類智慧的演進呢！

LESSON 7

從五個核心＆三把金鑰匙，理出孩子的未來

我小時候很喜歡存錢，無論是大大小小的零用錢或紅包，我全部都會放到撲滿去，隨著時間看它一天天地變多，心裡總是有無比的成就感。每當金額到了一定的程度，媽媽會幫我存進銀行、持續累積，讓我心理上覺得自己很富有，所以我覺得自己真的超級會存錢的。

但是，會存錢，就會理財嗎？

真正的理財是什麼？

不，我記得當自己可以決定如何使用金錢的那年，我只用了二十分鐘，就讓過去二十年的累積付諸流水——因為我買了當時最昂貴的手機。事後來看，就發現會存錢，跟會

理財是不太一樣的。

父母給孩子一個儲蓄撲滿，鼓勵他存錢的同時，應該要給孩子一個「金錢規則」。這個規則是有方法及步驟的，若孩子僅僅把錢存進存錢筒裡，那可稱不上是「理財」。真正的理財在於「分配金錢」，也就是讓錢發揮各自不同的用途。

五個核心，建立孩子的金錢規則

全世界的兒童財商教學，都以五個範疇為主，當中包含兩個 S：儲蓄（Save）、消費（Spend）；兩個 I：收入（Income）、投資（Invest）；以及一個 D：捐贈（Donate）。

第一個核心：儲蓄

這是孩子學習財商教育的第一步。儲蓄就是把錢存起來，這部分最好跟孩子的興趣連結，才會讓孩子有動力進行。這個目標可能是一本喜愛的書，或是一趟旅行的費用。養成儲蓄的好習慣，同時也養成孩子能完成目標的信心。

「信心」是一種信念，也是一種態度。我常說，養成一個好的習慣，就能避免養成一個壞習慣。例如，每日養成準時起床的好習慣，就能避免因為賴床而錯過時間，造成遲到的狀況。擁有好、壞習慣，就在這細微之處奠定了差異，人生的道路也就不同了。

每一次拿到零用錢，孩子是不是可以主動把它存進撲滿裡呢？建立他優先儲蓄的習慣，就是孩子的理財第一步。

第二個核心：消費

當孩子看到你用錢購買東西時，他就知道「錢」可以做為交易使用。

這時你可以開始教他，從數量概念建立，或像是讓孩子去付款，讓他知道物價的多寡——讓他去便利商店繳水費，就能明白一個家庭一個月的水費是多少；讓孩子協助結帳晚餐的費用，孩子就能慢慢知曉一個家庭的餐費大概需要多少錢。

父母可以在家做個小遊戲，從家裡挑出十樣不同類型的用品，小到生活用品，大到家用電器或是大型家具都可以，一開始不要告訴孩子價格，讓孩子去猜，猜中的話也可以給孩子一些獎勵。藉此活動，一來讓孩子知道這些產品都不是免費的，二來也讓他們對

於物價有所概念。

這五項當中，我認為學消費是最不容易，且練習時間最長的。其概念還包含了辨別「需要」跟「想要」、如何抗拒廣告誘惑，甚至教導孩子如何做預算……這些都要從生活中去練習。所以，培養孩子正確的消費觀念，越早開始越好。

第三個核心：收入

我們都知道「天下沒有白吃的午餐」這個道理，若不想讓孩子變成啃老族，首先要做的就是讓他認識父母的工作——也就是讓孩子明白你是怎麼獲得收入的。許多孩子搞不清楚金錢運作的方式，於是，他會覺得爸媽的手機或信用卡是萬能的，可以購買任何東西，導致在價值觀或行為上有所偏差。

當我們讓孩子建立了「完成工作才有收入」的觀念後，父母必須讓孩子反思：作為小孩，他們在家裡需要完成的「工作」是什麼呢？

在家中孩子的「收入」來源，大致上可分為「定時定額」及「不定期增額」的概念，結合P.88的點點貼紙做記帳管理，後續會詳細說明。

第四個核心：投資

「一分耕耘，一分收穫」，講的是有工作才會有收入；若想「一分耕耘，多份收穫」，那就要下功夫學習理財能力。

傳統的教育教我們「要怎麼收穫，先要怎麼栽」，要付出努力才會有成果，這是很重要的美德。但是卻沒有人教我們有了收入後，該如何處理這份收入？

一分耕耘當然也可以有多份收穫，這必須倚靠投資理財的能力。因為人會老，體力也有限，我們並不會一直有時間、有機會不斷去耕耘。所以我常常強調一個重要的觀念，收入多寡並不會決定你的人生財務，處理收入的能力才是。

但親愛的父母，我必須要先說，投資並不是一開始就要教孩子的，而是在當孩子建立了完整基本理財順序後，才需要開始學習投資。本書 Part 6 也會提到投資，應該何時開始給孩子投資的觀念？什麼是良好的資產？什麼樣的東西對孩子來說是負債？都有詳細的說明。

第五個核心：捐贈

培養孩子擁有同理心及願意分享的態度，是很重要的。我們有時候太容易滿足孩子，讓孩子難以理解世界上有許多人需要被幫助。在這裡，捐贈的概念不是要孩子捐錢，畢竟這時候的孩子可能沒有太多金錢，但有些無形的能力，是孩子可以付出的。

想想看，若孩子願意用一天的時間去海邊淨灘，對他而言，就是「捐」了一天的「時間」還有「勞動」，這也是一種對環境付出及回饋的社會教育。

記得，捐贈是要建立孩子的同理心、對社會付出的心態，並且學習不濫用愛心，這也是一種對金錢負責任的態度。

三把重要金鑰匙，開啟財務自由的大門

過去在從事金融服務時，我發現每個客戶都希望得到財務自由，而且越早越好——但是真的能做到的其實不多。歸其原因，是許多人不知道自己所處的「水域」在哪裡？

我常形容理財猶如過河，這條河可不是普通的小溪流，它是如同亞馬遜（Amazon River）般的巨河，河的彼岸就象徵財務自由，所有的玩家都需要過河，並且選擇過河的交通工具。在這裡，單靠游泳肯定行不通，所以一定要選擇交通工具，而且越大越穩健越好——若只是個小竹筏，不僅禁不起任何風吹草動，翻覆的機率也相對高。

確認所有的資訊是非常重要的，像是河的寬度、河床高低、目前水位還有氣候，渡船過河是要確保安全，必須確認河裡有無危險，有沒有躲在暗處的兇惡鱷魚？突如其來咬你一口的食人魚？通過了這些，你才有機會抵達彼岸，完成財務自由的目標。

- 交通工具：指你建立的事業、系統或是理財工具。
- 游泳：游泳像是過低的報酬，無法對抗通膨，像是定存或不投資。
- 小竹筏：這裡指的是槓桿較高的理財方式，像選擇權、期貨或小道消息。
- 風吹草動：市場較大的波動，類似金融海嘯、網際網路泡沫，甚至像SARS、新冠肺炎等大型傳染疫情，都是足以影響市場的事件。

- 鱷魚、食人魚：會造成財物損失的自身突發事件，像是失業、意外……等。

渡河看似困難且危機重重，不過可以慶幸的是，你不是第一個要渡河的先行者，對岸已經站滿了古今中外的成功案例，而這些已上岸的經驗都可以傳承給我們，別太擔心。依我過去工作的經驗，在這些上岸的人們都有一些相似處，大多掌握了以下三個觀念。

第一把金鑰匙：選擇健康的「財務工具」

這些在財務上成功的人有個特點，他們選擇投資工具時，通常單一且持續關注投入，像是股票、房地產、基金，持有後也不會輕易賣出，追求長期且穩定的報酬。除了選擇投資工具外，也有一部分成功者具備老闆的身份，這些老闆不一定擁有多大的企業或很多的員工，但他們關注且持續投入事業，當企業產生獲利時，會優先將獲利在投入公司，他們相信把企業做大，也是創造現金流的一個絕佳方式。

選擇健康的財務工具，可能是個投資方式，或是一份事業。這裡指的「健康」是指適合你自己的方式，不是每個人都適合創業，也不是每個人都喜歡股票，但一旦選擇好適合自己的工具，持續投入及專注才是重點。

雖然孩子還小的時候，雖然談不上什麼選擇財務工具（我建議是小學三級以後才跟孩子討論投資工具，此時孩子心智上比較成熟），但父母平時可透過新聞事件，跟他分享世界經濟的脈動，將理財生活化。

第二把金鑰匙：做好每個「小的財務目標」

財務自由這件事本身不該是目標，它是完成每個小小目標所經歷的一個過程。

選擇財務目標（Financial Goals）也是一個決策的練習，站在對岸的財務成功人士，面對每個目標時，都擁有具備耐性的特點，他們願意為了認識一個未知領域而再三請教，跟他來往時，你不會覺得這些人充滿驕傲，反而看到他們深深的謙遜。他們想的是，雖然今天只有十萬元，但有一天會變成一百萬甚至一億，在那時又該如何正確下決策？這學習的過程不會因金額增加而減少，所以寧可在開始投資時就先把功課準備好，像老鷹的眼光一樣，專注於目前每個小目標，與「運籌帷幄之間，決勝於千里之外」道理相通。

我們並非一開始就要設定很大的「財務目標」，一張遊樂園的門票也可以是孩子的財務目標，透過達標的過程，逐漸建立起孩子對金錢的信心：「好像可以透過金錢，去完成自己目標的能力。」重視及專注在每一個小目標，擁有完成目標的能力，自然有實現夢想的機會。

FQ小教室 從園遊會活動，觀察五至十歲孩子的財務觀念

園遊會中不只提供食物，也有許多活動，我們可以趁帶孩子參與活動時，來做個實驗。

進入會場前，給孩子兩百元，讓他購買自己的午餐。在這其中的任何選擇，由孩子自行決定，父母不提供意見。我們可以觀察其結果，瞭解孩子在用錢時是否有周延的考慮，兼顧各種面向的需求，有沒有玩到？喝到？吃到？若是孩子選擇買玩具卻忘了吃飯，就要小心我們是否沒有幫助孩子釐清「需要」跟「想要」？當孩子買完吃的以後，才發現沒有多餘的錢玩遊戲時，則表示我們需要幫助孩子建立分配預算的概念。

更多相關觀念會在 PART 3 說明，讓你教出聰明消費的小高手！

第三把金鑰匙：重視「財務安全」

無論是個人或企業主身份，他們都知道「風險」是不可測的，不只有人身風險，也有企業經營的風險。不過，我觀察到他們皆有個共同點：「在乎自己是否有足夠的現金流，來支撐及度過風險。」

在個人來說，無論在任何情況下，家庭都不會因為缺錢而導致生活無法繼續，陷入財務危機；而企業主特別重視企業的資產及兌現能力，讓公司處於正向現金流的安全範圍之中。

兒童財商中談最多的，就是設定孩子「財務安全」的觀念，也就是建立價值觀系統，包括區分「需要」跟「想要」，還有「控制預算」的能力——請重視這些能力的養成，給孩子練習決策的機會。

這三把鑰匙，能幫助父母順利到達財務自由的彼岸，我們也希望以此開啟孩子的夢想大門。

FQ 教養重點

1. 會存錢，不代表會理財。
2. 要建立金錢原則，必須從認識儲蓄、消費、收入、投資與捐贈開始。
3. 想要開啟財務自由的大門，必須獲得三把金鑰匙：選擇健康的「財務工具」、做好每個小的「財務目標」、重視「財務安全」。

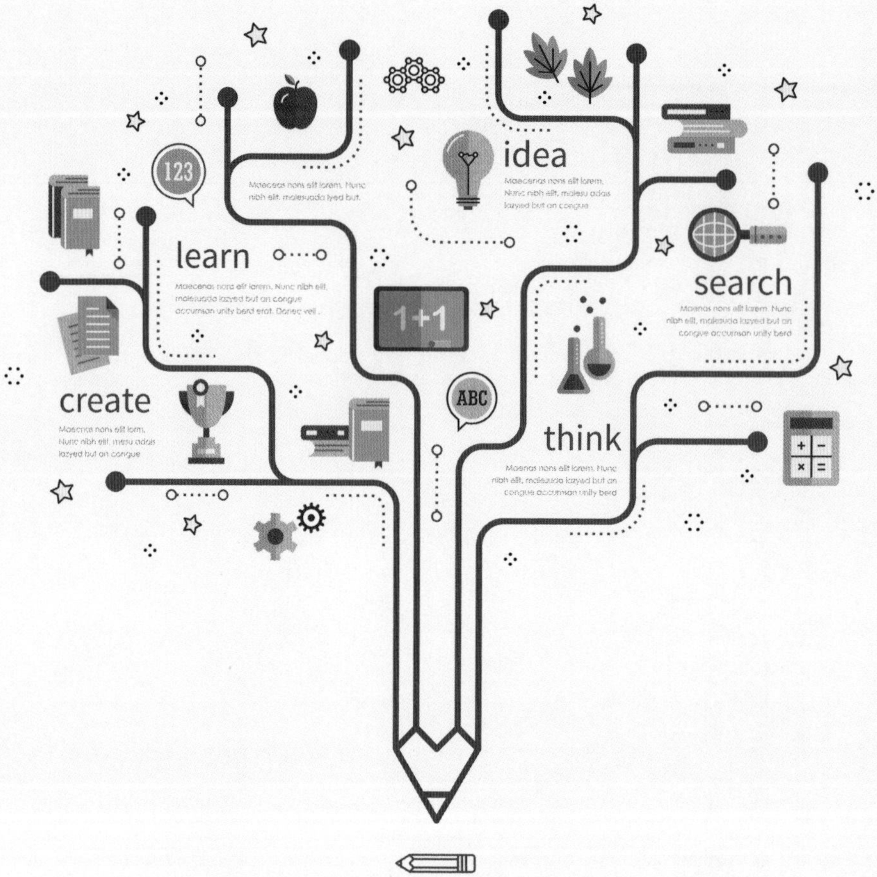

| 本章課題 |

★親子一起設定財務目標

★建立零用錢制度

★用點點貼紙學儲蓄，和記流水帳

Part 2

財商教養的第一步

儲蓄，從建立財務目標開始

我們教孩子儲蓄，是要建立儲蓄的習慣及興趣，讓他知道他是可以完成目標的，而不是簡單給孩子一個存錢筒，存滿後，把他變成銀行的一個數字——其實對孩子來說，那個寫在存摺本子上的數字，並沒有讓他實際練習到金錢，更沒有增加孩子的財商。別忘記，你就是孩子的金錢老師，應該陪伴他選擇目標、一起完成。

LESSON 8
父母跟孩子都需要建立「財務目標」

存退休金、教育基金、還清負債、買房子、更換車子……都是財務目標（金錢／儲蓄目標），每個人在每一個階段，都有不同的財務目標。

「目標」對孩子的重要性

擁有目標的好處，是能讓你更集中精神向前邁進。若想要實現抱負的人生，一定不能缺少設定個人目標的能力。然而，沒有人天生就什麼都會，教導孩子設定目標，其實是父母的一大責任——要讓孩子瞭解為什麼他需要設定目標，這個目標越明確越好，而且是孩子有能力達成的，當然還要設定達成時間的截止點。

讓孩子學習建立財務目標，不是要孩子一開始就設定長大後的志願，而是要讓他能從短期而且金額小的地方去練習、完成。我們的目的，是在訓練孩子養成完成目標的習慣。

每一個階段都應該擁有財務目標

財務目標是什麼？聽起來是個要花時間瞭解的財務知識？千萬別把它當作艱深的名詞！制定預算，是為了平衡收支，更重要是實現財務目標——因此，目標是預算的核心。財務目標可理解為需要經濟資源（如資金、資產），配合理財技巧（如儲蓄、投資）完成的各種事情，像是購買消費品、出遊旅費、升學學費，以至結婚、置產、退休保障……等。

我認為，養成孩子儲蓄的習慣，是學兒童理財的第一要件。除了可以培養孩子存錢的興趣外，也建立孩子完成目標的信心——興趣跟信心，可不是在學校一定能學到的！

舉個例子，小學三年級時，我非常想買一個卡通機器人，還記得它有著藍白相間的外型，是卡通中所有角色攻擊力最強的，價錢是新台幣一百五十元，就放在附近雜貨店的櫥窗中。每天當我經過雜貨店時，都想馬上擁有它，所以我省吃儉用，盡可能地把買零食的錢都省下來；隨著存款越來越多，每次經過櫥窗，那期待的心情就越來越高昂——經過了整整一個學期之久，我的存款終於達到一百五十元，可以把它從雜貨店帶回家了。當時愛不釋手、好不容易才擁有的感覺，到現在還記憶猶新，甚至清楚記得當時機器人擺置房間的位置。

這樣的加乘快樂，其實就是孩子願意透過等待而最終擁有的結果。

試想，當年如果我開口向父母索求，而他們也立刻買給我，可能我後來不會如此珍惜，也失去了當初擁有它的快樂。所以做父母的，在孩子每次開口要求時，我們不一定都要馬上答應，給孩子練習等待也是重要的。

當年這藍白相間的機器人，就是我的財務目標，我可以為了這個目標學會忍耐、抗拒買零食誘惑——更重要的是，透過儲蓄獲得了「我可以完成目標」的信心，這真是個很有價值的體驗。

小學生的儲蓄目標

跟小學生談財務目標實在言之過早，我們也可以暫稱為「儲蓄目標」。

給小學生的儲蓄目標記得要按年齡分階段，從一個儲蓄目標計畫開始練習：

- 確認好目標的金額。
- 擬定所需要的儲蓄時間。

五至九歲

可以開始試著練習以儲蓄完成一個目標計畫，這個目標的完成時間，建議超過一個月。也就是訓練你的孩子，必須經過一個月的儲蓄累積才能取得的計畫。主要目的在讓孩子學會延遲享樂，以及練習將目標完成的信心，就像當初我渴望買到機器人一樣。

十至十二歲

要有同時儲蓄兩個金錢目標的能力，也就是同時執行兩個目標的計畫——其中一個為期一個月，屬於短期目標；另一個需要超過半年以上，是長期目標。

短期目標包括參觀一場展覽的門票，或是一個心儀已久的玩具；長期目標，比較像是一輛腳踏車或是出國的機票——兩個目標的金錢要分開，千萬不要混在一起，這是為

儲蓄是一種習慣

孩子養成了儲蓄習慣，就不容易迷失。真實的金錢世界，每個人都需要財務目標，我們也不會忘記透過儲蓄完成目標的快樂，那種滿足感，絕對是人生中值得珍藏的開心記憶。

了訓練孩子拿到金錢後的執行、分配跟規畫預算的能力。

當然，若孩子在此時才剛要開始學習財務目標的建立，建議父母先讓孩子從一個短期目標開始練習，等駕輕就熟後，再增加另一個長期儲蓄目標。

青少年的金錢目標

在國、高中時期，雖然有許多時間是在進行升學準備，不過這時自己處理金錢的機會也增加許多，應該要完整執行本書Part 2～Part 5所說的，最少管理好三個戶頭——也就是能聰明分配金錢，每次拿到收入後，分配在儲蓄五十％、消費四十％、捐贈十％。

青少年時期，管理的金額比小學時大上許多，可能父母給予零用錢是以一個月為單位，好比說一個月是幾千元，但包含了學校午餐、生活用品等等——這可是小小地考驗孩子們的理財功力囉。

我認為，孩子這時的理財模式是未來的雛形，希望父母特別重視這個部分——別忘記孩子這時可不只是練習，「成本」已經慢慢變貴了！就像要注意有些學生會因為沒有好好控制物欲，在這時產生借貸的問題，變成小小月光族可不是好事情。

大學生的財務目標

如果我有機會給大學生一點財務上的建議，我會從「建立資產」的角度著手。

我在大學時期的生活費幾乎是自理，打工的收入差不多就等於生活支出。不過，當時我做了一件事情影響了自己的未來——我發現，人生若要有所不同，跟「理財能力」息息相關。那時常常聽到「人不理財，財不理你」這句話，所以大三那年，我每天都到圖書館讀《經濟日報》、《工商時報》，全圖書館只有我在看這兩份報紙，天曉得那對當時的我來說有多困難！但是，我知道學習一件新的事物需要耐心，只要遇到不懂的名詞我就上網查，漸漸地，我開始看得懂當中的道理，閱讀速度也越來越快——後來，我發現自己已經開始能理解金融的運作及大部分的理財商品。因為在當時建立了財金知識及理財能力這個資產，直接幫助了我的就業情況，甚至是現在的寫作內容。

所以，我建議大學生的財務目標不該只是金錢上，而是應該建立屬於自己的資產，如人脈，像是結交志同道合的朋友，未來可能會一起創業；還有，累積自己的軟實力，就像我當時看報紙一樣，增加自己的核心競爭力。

父母的財務目標

父母們，你是否對突如其來的額外支出覺得困擾？罰單、車子的保養、一件新衣服、一頓豐盛的晚餐……每次的信用卡帳單，都讓你後悔沒有多存點錢？

在我們所教導的課程中，很多父母都說自己不會理財，以至於不知道如何進行家庭財商教育。我們想這樣建議你，只要先這樣開始：設定不同功能的帳戶，執行預算分配。

儲蓄若是沒有目的，很快地就會失去執行力。成人理財的第一步就是做好分離帳戶，簡單來說，就是讓不同帳戶去發揮不同功能。理財最怕的是把所有的錢搞在一起，分不

你的財商年齡幾歲呢？是否凍齡在孩童期間？

別忘記，成人財商的學習跟孩子一樣，是需要練習的，不管在財務上你的認知多少，多練習就能少犯錯。多培養一個好習慣，就少一個壞習慣，如此，財商才能日漸成熟。從今天起，就準備多個戶頭，進行分離帳戶，放心讓你的財商年齡超過你的真實年齡吧！

孩子的世界較為簡單，用不上太多的消費跟金融工具的運用，但是讓孩子學會延遲享樂跟控制欲望，更為重要。讓孩子從生活記帳開始，學會每次拿到零用錢都能先存後花，以降低未來犯錯的可能性。

清楚功用為何——若有人把買菜錢當作投資基金，或是把退休基金也用作孩子的教育基金，基本上就是缺乏分離帳戶的概念。

「分離帳戶」大致上可區分為五個戶頭：

- **生活必需戶頭**：平時花費要用的生活支出。
- **緊急預備金戶頭**：通常是三個月的家庭支出費用，最好有六個月較為妥善。
- **短期儲蓄**：購入自住的房子或車子的頭期款。
- **投資戶頭**：不可以隨意領出的戶頭，主要是作為退休規畫，以領息不領本的概念儲存，視為資產。
- **享樂戶頭**：用於一頓大餐或是一段親子旅行。

將收入分配在各個不同的帳戶，剛開始也許生活必需戶頭可能會多一些，儲蓄跟投資戶頭少得可憐——但沒關係，因為一開始能存下多少錢並不是那麼重要，而是強迫自己養成「專款專用」的習慣。

當你每月定時都有錢進入各個戶頭，你會發現，原來「我可以存下創造未來的第一桶金」！再說，哪個儲蓄不是從日積月累開始的呢？現在，就讓我們跟孩子一起成長吧！

社會新鮮人的財務目標

過往在從事金融服務時，我看到許多年輕人不懂得儲蓄，他們可能第一次可以運用自己的錢，缺乏管理概念，在這時購入了自己無法負荷的奢侈品，再花上大把時間去繳貸款，實在很可惜。

這裡指的財務目標，是指儲蓄第一桶金。年輕人有時間、沒有錢，而第一桶金最重要的，就是可以幫你滾出下一桶金。出社會前若是沒有打好觀念基礎，社會新鮮人一定無法抗拒許多物質欲望，朋友一邀約就出國旅遊，或是買一台最新款的手機，讓好不容易賺得的薪水轉換成即時的享樂。雖然不願老生常談，但是我真心希望這些社會新鮮人，投資自己、購入優良資產，往後絕對是個輕省的人生。

FQ 教養重點

1. 每個階段，都有不同的財務目標。
2. 五至九歲的孩子，可以開始練習完成一個儲蓄目標；十到十二歲的孩子，可以同步進行兩個目標。
3. 成人財商的學習跟孩子一樣需要練習，從今天起，準備多個戶頭，進行分離帳戶，讓財商年齡超過真實年齡！

設立目標的三個訣竅

小朋友，當你開始存錢之前，先為自己找一個明確的目標，比較容易成功，但是設立目標也是有訣竅的！有三個重點。

1 把目標「畫下來」

大多數人都是健忘的，當你有一個目標時，如果只是用想的，很容易就變成一個「白日夢」。但如果你把它畫下來，常常看著它，這個目標就會被放到你的潛意識裡，當你遇到誘惑時，像是突然好想吃糖果，你就會被自己的潛意識提醒，不要亂花錢，要延遲享樂。《思考致富》（*Think and Grow Rich*）一書作者拿破崙·希爾（Napoleon Hill）說過：「人的心智能夠達到的事物，必定是心智能夠接收並相信的事物。」所以，不要忘記你的目標哦。

COLUMN

2 把目標「說出來」

拿著畫下來的目標，對家人說出來。話語是有力量的，當你把它說出來時，就是一種宣告，在告訴大家你是認真的，不是想想而已，而家人們也會適時提醒你。當目標被講述得越多次，就越容易實現。

3 把目標「貼起來」

想想看，哪個地方是全家人每天都會看到的？像是冰箱、玄關或大門？把你的目標貼起來，也可以請爸爸、媽媽一起畫下目標，全家人可以互相鼓勵、提醒對方完成目標！

今天，就找出你的儲蓄目標！別忘了，實現目標有三個祕訣：畫下來、說出來、貼起來——希望你不只是當一個做夢的人，還要當一個實現夢想的人！

"LESSON 9"

我該給孩子零用錢嗎？

很多父母會覺得，孩子什麼都不缺，為什麼要給他錢？但其實，我們不單單只是給孩子金錢，同時也在建立孩子「用錢的規則」，這才是最重要的。

中、西方金錢教育大不同

你可能聽過，巴菲特（Warren Edward Buffett）六歲開始兜售口香糖，從小就對各種賺錢的方法都很有興趣；偉大的發明家愛迪生（Thomas Alva Edison）兒時曾在火車上兜售小報，藉此賺取生活費——這些名人從小是如何獨具眼光，嶄露他們的商業基因？我們也常聽到國外的小孩，會製作檸檬水在家門前或園遊會進行販售，甚至在市集擺攤提供二手物品，賺取零用錢；或是出賣自己的勞力，幫鄰居除草皮、遛狗，賺取報酬。

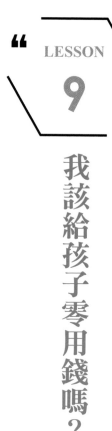

有次在夏威夷旅遊，民宿主人家有個年紀約莫六歲的孩子，讓我印象深刻，他在自家門口兜售酪梨，每個一塊錢美金。進去他家才發現，原來是旁邊農地的酪梨樹，長進了自家院子，小弟弟摘了免費的酪梨後，居然還想到要去擺攤販售，然後自己寫招牌——來唷！一個酪梨一塊錢，買三個還送一個唷！這場景實在讓我印象深刻。孩子做起了無本生意，還有自己的訂價策略，更令人驚訝的是，他有勇氣在街上銷售。

這些例子讓我們瞭解到，西方的金錢教育，在環境及文化上跟我們不太一樣。西方的父母會主動提供很多機會，讓孩子學習「付出勞務才有收入」的觀念。若是酪梨小弟的狀況發生在我們的周圍，我們一定想：「天啊，這孩子太可憐了吧！不僅沒去上學，父母居然要他在路邊賣東西！馬路這麼不安全，而且賣幾個酪梨能賺多少錢啊？」

看看，這差異不小吧。我們的孩子哪有什麼機會去替人家送報、賣檸檬水，平時住在公寓大樓，更別提哪裡有幫鄰居除草皮的時機了。人文風情的不同，確實難以在生活中複製同樣的觀念。

Q. 我家的孩子拿了零用錢都亂買東西，怎麼辦？

學齡階段的孩子抗拒誘惑的能力確實不夠，特別是在這線上遊戲、各種廣告無孔不入的年代，加上同儕影響、跟風的情況下，都會產生一些在父母看來不必要的消費。我班上有個孩子，想跟同學一樣養名為美西白兜（Dynastes granti）的昆蟲，一隻市價一千至一千七百元，重點是每週都要回昆蟲店換土，對父母來說不免覺得困擾。所以，先跟孩子坐下來好好討論，為什麼需要買這個？你覺得購買之後，你會有什麼感受？會有什麼改變？釐清一下孩子自身的需求，會是很好的做法。

Q. 阿公阿嬤給錢沒有原則怎麼辦？

如果認為形塑孩子的財務智商是十分必要的，你應該花點時間跟家中的長輩溝通，說明你的原則，也請他們遵守你和孩子的約定。重點是不要讓孩子有不勞而獲的感覺，讓長輩明白適時的鼓勵雖然是必要的，但若讓孩子誤認為時時都能得到獎勵，這就違背了長輩的美意，也破壞了你好不容易才建立的原則與制度。

我該給孩子零用錢嗎？

我該給孩子零用錢嗎？這真的是每個人都會遇到的問題。前面我們提過「先把金錢當作教具」的觀念，因為學財商的時機越早越好，兒童財商教育的好處是成本較低。如果父母可以認同這個觀念，其實從孩子五歲開始，我們就可以跟他開始「練習」零用錢了。

確實，大多孩子不會出去工作，對他來說，大部分收入都是來自父母的給予。那怎麼給？是當孩子隨口要求時就給嗎？當然不是！這樣的做法，會讓孩子無法學習規畫，為未來的開支進行儲蓄，也無法開啟記帳的習慣。

所以我們給孩子錢，也要跟他建立用錢的規則制度，這裡要提供父母的儲蓄制度，就是「定時定額」結合「不定時增額」的概念。

FQ 教養重點

1. 讓孩子學習「付出勞務才有收入」的觀念。
2. 從孩子五歲起，就可以開始「練習」零用錢了。
3. 給孩子錢，也要跟他建立用錢的規則與制度。

LESSON 10 建立零用錢制度

給孩子零用錢當然有許多方式，但制定出遊戲規則，對於親子雙方來說都是比較好的。買過基金的人一定知道，一般的基金購買大致上分為「定時定額」與「不定時增額」——這個概念，也適用於給予孩子零用錢的時機。

固定時間，給孩子固定金額的零用錢

投資基金「定時定額」的概念，是每個月固定的時間，從戶頭中固定扣除一定的金額，對於開始學理財的父母們，我個人相當推薦這個方式。因為定時定額的方式不用盯著看盤，只要每個月投入固定的金額，長期來說購買成本較為平均，是個很好的工具——這邊說的長期可不是三至六個月，是必須超過三十六個月以上的持續投入，可以說是一種

無痛理財法。當然基金投資有賺有賠，但是購買基金的本質上不是短線進出，一定要把握住長期的時間概念。

用於父母發零用錢上，就是固定的時間，給孩子固定的金錢。但是，零用錢的給予必須遵守遊戲規則，也就是說，孩子是有任務的——遊戲的前提，是父母必須把這個制度當作是闖關遊戲，用「玩」的心態開始，小朋友必須完成一天或一週的任務，才能得到獎勵。接下來的點點貼紙實作單元，就是一個好玩的遊戲，也是一種零用錢的制度。

請保持正向且開放的心態，不要過度緊扣管教、家規，如果遊戲失去了樂趣，孩子反而會產生負面的金錢連結。

透過 P.88 這些步驟及注意事項，來建立你和孩子的點點貼紙之約吧。

突如其來的獎勵，不定時增額的零用錢

「不定時增額」是一種單筆投入的概念，通常是投資人在有一整筆預算時，直接投資在某個金融商品中，或是市場出現震盪時大量買入。在P.92會說明在零用錢給予上要如何進行。

FQ教養重點

1. 給予孩子零用錢的時機：「定時定額」與「不定時增額」。
2. 請保持正向且開放的心態，如果遊戲失去了樂趣，孩子反而會產生負面的金錢連結。

有一次，我發給五歲、四歲的兄弟兩塊抹布，要求他們與我去洗車。洗車對這年紀的孩子來說其實是個大挑戰，要提重重的水桶，還要使力把抹布擰乾，力氣確實不夠。身為爸爸，我只是抱著「小男生總是有用不完的體力，找點事給孩子做吧，做不好也沒關係」的心態，沒想到他們卻樂在其中，把車內一些細節都擦拭得很乾淨，讓我相當意外。

重點是態度——兩兄弟會一直問：「爸爸，我還可以擦什麼地方嗎？」那滴著汗的認真模樣，實在可愛極了。一小時後，孩子們真的把車子整理得很舒服，雖不至於媲美汽車美容，但看上去也十分清爽，這結果已大大超乎我的預期。

當天晚上，我打從心裡想給孩子一個鼓勵。

我請他們把自己的綠色小豬公帶來，摸摸他們的頭：「謝謝你們下午的努力，幫我把車子清潔得很乾淨，爸爸在開車時心情也很愉悅。我要感謝你們的付出，決定給你們二十元，投入你們的小豬撲滿。」孩子開心地說：「哇，好棒哦！謝謝爸爸。」我們互相擁抱後，他們也快樂地接受這個意外驚喜。

我們雙方都很滿意自己這一天的付出及收穫。

用點點貼紙，學定期定額儲蓄

很容易取得的點點貼紙，是非常適合用來和孩子進行約定的遊戲，可以培養儲蓄與完成目標的習慣！

單元目的：培養孩子建立生活習慣，建立零用錢制度。

用具準備：紙、筆、點點貼紙、透明存錢筒

活動內容

1. 設計表格。請依日期、事項，製作出適合的表格，可參考左頁。
2. 和孩子一起討論責任及義務，範圍可以涵蓋孩子的習慣養成、公共領域的工作指派等等。切記，一開始不要太多，在孩子學齡前，可以挑五至七件你覺得需要完成或建立的項目，舉例：手不要放在嘴巴、起床後自己摺棉被、溫和而堅定地表達需求……等等。
3. 請記得這是個合約，履行的義務、規則都必須事先約定好。
4. 心平氣和地說明，不要使用威脅的口吻。請記得這是個遊戲，父母盡量用鼓勵的方

COLUMN

	一	二	三	四	五
7點前著裝完，7點半前吃完早餐	●	●		●	
整理上學需要的水壺、餐袋		●	●		●
跳繩 100 下	●	●	●	●	●
回家以後把餐袋、聯絡簿拿出來	●		●	●	
晚上八點洗完澡、九點前進房間睡覺		●			●

式進行，但規則必須明確，不因為孩子表現或父母心情好壞而有所更動。

5 每天晚上檢視，有做到的項目，就可以貼上一枚點點貼紙。

6 依年紀做點點貼紙的兌換，剛開始可以是一點一元，到了小學之後再逐步增加，這階段重視的是培養儲蓄及完成目標的習慣。

7 說明並簽名或蓋章，這是一個社會化的過程，主要是讓孩子承諾履約，並在雙方認同下執行。

8 一週進行一次結算。可以挑週日晚上結算。

9 幫孩子準備一個透明的罐子做為存錢筒，只要方便儲蓄跟取錢即可。

10 發零用錢囉。

11 不要將零用錢作為威脅的工具，像是

「要是你○○○，我就不給你零用錢」，或是「不要吵，我待會給你十元」，都是萬萬不可的。雖然這樣做或許能達到立即的效果，但一旦養成對價關係，後果堪虞。

12 連續二十一天，建立一個好的習慣。記得每三週，孩子做得好的部分可以更換新項目。例如，孩子已養成起床摺棉被的習慣，就可以將此項目改為其他項目，像是飯後協助清潔餐桌。

13 已養成的習慣要繼續維持，原本的家務也一樣分擔。像是上一項舉例的摺棉被習慣，就要繼續保持。

使用原則：點點貼紙不是對價關係

在實務上，我們常常講述這個方法，但有些父母卻表示無法執行，實在很可惜。我認為他們可能在以下這點原則上無法釐清，甚至尚未建立正確心態。

點點貼紙制度不是對價關係，所以不能對孩子說：「要是你不做○○○，我就不給你點點貼紙。」這樣孩子會覺得，我是不是「只要」完成任務，在家中就是個好寶寶、乖孩子？這樣的觀念其實是有偏差的。事實上，建立孩子在家中的責任跟義務，是培養孩子負責任的重要過程。

COLUMN

親愛的父母們，一起來想想看我們是如何獲取收入的？是不是因為我們完成了工作上的任務（mission），因此得到獎勵（commission）？

這個觀念同樣可以運用在點點貼紙的制度上。完成在家中的「工作」，也就是完成任務，孩子就能獲得貼紙獎勵。點點貼紙的制度，就是讓孩子用遊戲、蒐集的方式來進行，建立孩子勞務及生活常規的養成。除了養成良好生活習慣以外，也讓孩子明白，在家中他是有責任的，也有該完成的任務。

家中有兩個以上孩子的父母，特別是可以當個對照組，也許哥哥會按表操課，弟弟比較隨興，但不要因此責怪弟弟，請維持平穩的心情發零用錢。若弟弟看到哥哥拿到零用錢的數目與自己有所差異，或發現享受獎勵不同時，弟弟就會逐步進行修正。

點點貼紙的工作項目原則：培養孩子生活常規

工作欄位中大部分項目是生活常規及家庭勞務：「生活常規」是父母希望孩子建立的習慣，這習慣可能包含了孩子起床摺棉被、主動收納自己的東西，或是放學回家主動把書包擺好；「家庭勞務」可以是漸進式地訓練孩子，比方孩子可以先學會打掃自己的房間，再讓他開始擴大任務到公領域，像是廚房或是廁所。

如果父母覺得完成公用空間的清潔，算是生活常規的一部分，同時也是孩子應該做的，這部分列為孩子的任務是完全沒問題的——只須確認點點貼紙是獎勵，而非賄賂，不讓孩子在獲取上有理所當然的態度即可。

LESSON 11

親子一起，建立正確的金錢連結

若不想養出斤斤計較的孩子，做為父母勢必要在金錢上多花些心思。不知道各位有帶寵物去散步的經驗嗎？狗狗跑出安全範圍時你會試著拉拉牽繩、提醒牠，特別是牠看到目標要狂跑時，繩子一定是最緊繃的，反之鬆弛。

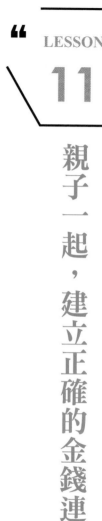

以正向的態度獎勵孩子

這裡的比喻，是說零用錢的教育或給予，跟帶寵物去散步的經驗有點像——你和孩子之間有條無形的繩索，當孩子拚命想跟你索取金錢時，你更要有所態度跟規則，一切依規定走，不能有例外，讓他知道你的「範圍」。當他熟悉你建立的規矩，有正確的態度，有機會加以適時鼓勵也是必要的。

父母大多不會吝於給孩子鼓勵，若孩子表現超乎預期時，你可以給他突如其來的驚喜，可能是帶他看場電影或是出去玩，甚至到孩子喜歡的餐廳用餐，這都是愛的鼓勵。同時，也不要忘了讚美他的行為，提供支持的語言，讓他感到被認同，也有成就感。

當然這鼓勵的方式也可以是金錢——不要忘記，錢是一種「教具」。

正確的態度與原則

但這裡有個原則要注意——畢竟是突如其來的驚喜，表示這不是常態。

下次洗車時若孩子問：「爸爸，這次洗車會有錢嗎？」你應該好好地跟他說明：「你也有享受到車子的服務，它常常載你上下學，甚至帶你四處旅行，一起幫忙把它清潔乾淨是應該的哦！這是你的責任，也是該盡的義務，趕快來領抹布吧！」記住，我們的態度對孩子來說是很重要的，千萬別在這些規矩上亂了方寸，孩子可是很精明的。

兩個不該做的金錢連結

我們使用金錢的方式，跟上一代是有很大的關係的。過去的父母是不是常在這兩方面給孩子零用錢？一是做家事，二是成績。記得！請不要直接用錢進行這兩項鼓勵，避免孩子產生對價關係，更「物化」了孩子的學習動機，小心因此養出斤斤計較的小孩！

家務，是孩子的責任與義務

在家中，當孩子玩完玩具，是孩子會自動收好，還是都要你要求他才收？

若孩子每次都需要三催四請才行動，那可能是身為父母的我們，尚未建立關於「玩具的使用規則及權利義務」：當孩子開始要玩玩具時，他就必須知道，待會他自己應該收好——可以玩玩具是他的權利，而收玩具就是他的義務。

同樣的道理，孩子是家裡的一份子，他在家裡除了享受權利以外，也有責任與義務。所以，做

家事、維持家中整潔，是本來就該完成的份內工作，父母準備晚餐、孩子餐後洗碗盤，都該是生活常景。當然父母在安排家務工作時，也要挑選適合孩子的面向，例如幼兒園中、大班的孩子，可以摺自己的衣物並收納整齊，小學生可以洗洗碗盤，或簡單地吸地、拖地。

所以在進行日常家事時，不需要跟金錢產生對價關係。如果我們跟孩子說：「小明，來幫媽媽掃地，完成後我給你五十元。」你覺得小明會有什麼想法？

可能因為有了金錢的驅動力，第一次會馬上行動，但是當下次媽媽提出相同要求時，小明會問：「這次要給我多少錢？」

所以，請記得以下兩個重點：

- 不要讓家事與金錢產生對價關係。
- 及早建立孩子在家的權利與義務；父母要有能力區分獎勵、賄賂的差異。

以讚美取代物質獎勵，孩子更有學習動力！

父母因為孩子成績或表現傑出，就給予金錢的行為，我們認為是錯誤的！

金錢是教具，但不可淪為對價關係

「定時定額」是給予生活中該盡的責任或任務，並且養成孩子的生活習慣；「不定時增額」，比較是為特定任務支付報酬，但不預先告知。
當孩子完成相對困難的事物時，我們可以給孩子一些驚喜式的獎勵，別忘記父母的心態是「把金錢當作教具」，用來練習用的。但提醒你，千萬別落為對價關係。類似以下這段對話，一定要避免：
爸爸：「小明幫我把車洗一洗，我給你一百元。」
小明：「老爸，你上次給兩百元，為什麼這次才一百元？」
爸爸：（無言……）

就孩子發展的角度而言，這樣的行為會讓孩子認為，良好行為和優秀成就是有著價格標籤的，如果孩子達成了要求，就會理所當然地認為應該要得到獎勵。而若是孩子總是得不到好成績，也得不到獎勵，更會因此喪失了學習的動力。

如果你希望偶爾把金錢當作其中一種獎勵方式，請不要事先給孩子知道，當作一個令人開心的意外安排。金錢不應該與成績掛勾、作為獎勵的手段，對於求學時期的孩子來說，內在的鼓勵是一種更好的獎勵方式；如果孩子把浴室打掃得很乾淨，請父母真誠地說出你的讚美，對孩子來說，他心裡一定非常有成就感，也願意下次繼續付出。

你想想，有時候獲得長官的一個認可，要比實際加薪或升官更有成就感。所以你可以幫助孩子瞭解，成就有時會帶來獎賞，但不是每一次的成功都會伴隨特定獎勵。

尊重孩子的目標，給予犯錯的機會

很多父母不給孩子零用錢，是怕他亂花掉、不珍惜，甚至害怕孩子對金錢斤斤計較……但歸根究柢，其實是父母想把「使用金錢」的權力掌握在手中。

別忘記，金錢是一種工具，重點在於練習——提醒你，或許孩子會去設定一些在你看來不重要且無意義的目標，但做父母的，此時應該尊重孩子的儲蓄、消費的權利。

事實上，做任何事都是需要練習的，與其幫孩子準備好一切事物，不如給他機會去嘗試，也許他會犯錯、會遇到難題，但孩子會從中得到鍛鍊的機會，這個經驗會讓他收穫良多。

FQ 教養重點

1. 金錢是一種教具，重要的是以正向方式鼓勵孩子。
2. 用「定時定額」養成孩子的生活習慣，「不定時增額」是為額外任務支付報酬。
3. 給予孩子練習與犯錯的機會。

LESSON 12

五個重點，開始建立儲蓄目標——綠色小豬公

還記得我小學三年級的儲蓄目標，那個藍白相間的機器人嗎？事後讓我媽發現時，她非常生氣，覺得我浪費錢去買了不必要的東西，整整唸了我一個月。

沒錯，當孩子的財務智商沒有被正確地引導，其實是很可惜的。我們可以技巧地去支持孩子喜歡的事物，從中告訴他「天下沒有白吃的午餐」這個道理，透過給他零用錢的制度，完善建立他能完成目標的信心，與享受儲蓄可得到的快樂，才是無價之寶。

從前從前，我有個綠色小豬撲滿

很小的時候，媽媽給我一個綠色的塑膠小豬撲滿，我記得小豬撲滿的上方有個儲蓄孔，沒有其他洞可以把錢取出。媽媽希望藉此養成我儲蓄的美德，因為她有句台語名言：「好天，著存雨來糧。」意思是，平時就要積存，以備不時之需，未雨綢繆的意思。

只要爸媽給我零用錢，我就會把錢存進這個小豬公，期待有天可以進行「殺豬公」的儀式，這是我小時候的存錢經驗。猜猜看，我有幾次成功存滿豬公、殺豬公？答案是「0次」。沒錯，一次也沒有！我記得這小豬撲滿最常使用的場景，是我一手拿支小夾子，一手把撲滿倒著拿，嘗試把裡面的零錢偷偷夾出來使用，有時夾得太多還會被發現……看起來，真不是個成功的儲蓄經驗！

儲蓄的五個重點

你跟我一樣用過小豬公撲滿嗎？你曾經有存滿豬公、殺豬公的經驗嗎？現在的你，是不是一樣給孩子一個豬公，期待他們自動把豬公餵飽呢？其實，在我們的觀察裡，盲目存錢通常都會失敗，因為這必須是有計畫跟方法的，別傻傻讓孩子重蹈我們當年的覆轍！

其實，要持續儲蓄是有方法的，有五個重點：

Q. 怎麼和孩子進行建立儲蓄／財務目標的規畫？

有一次和孩子逛書局，我家五歲的哥哥找到一本介紹建築物的書籍，在翻閱時，裡面的建築會立體呈現，第一次見到的孩子滿心好奇、愛不釋手，不肯輕易離去。我看了書的定價，四百八十元，我們認為書籍對孩子來說是有益處的，通常只要孩子有興趣，我們很願意為他添購——不過，那一天我們卻做了一個不一樣的決定。

我們用手機拍下這本書的封面及售價，因為，這是「給孩子目標」的一個絕佳時機。

我：「寶貝，你很喜歡這本書對嗎？」

孩子：「對啊。」

我：「為什麼你喜歡這本書？有什麼不一樣的嗎？」

孩子：「它翻開來是立體的，而且介紹的建築物看起來都好厲害哦。」

我：「看起來真的是這樣呢，爸爸幫你拍好了封面及價格，作為你下次儲蓄的目標好嗎？」

孩子：「你說的是我的綠色小豬公嗎？」

我：「對啊，不過依你現在的零用錢，你大概需要兩個月的時間可以存到，你願意嗎？」

孩子：「好啊，我可以試試看。」

在日常生活中，可以多觀察孩子、與他對話，就能為他找到適合的儲蓄目標，循序漸進地建立孩子儲蓄、延遲享樂的好習慣。

一，選擇具體的目標

我常說，大人的理財方式跟孩子並不會差太多，其實協助孩子儲蓄是要找尋他感興趣的——注意！必須是「他本人」感興趣的，當作他的儲蓄目標。別認為這個目標一定要非常有意義，孩子的目標可能是一張電影票，也可能是戰鬥陀螺……這些都沒有關係。

我們希望你能陪孩子選擇「他感興趣」的目標，而不是「你覺得重要的」，重點是當他在選擇後，問問他：

- 為什麼你會選擇這個目標？
- 當你得到它的時候，你會有什麼感覺？
- 是出自於好奇想買？還是因為同學擁有同樣的產品，而你也要買？

再三確認，是加強及確認購買這個目標的原因，對孩子來說是很重要的；此外，也不輕易讓孩子在未來看到其他目標而隨意更改。

我們必須認真地把儲蓄跟孩子的興趣結合，讓他對存錢有興趣，就是養成孩子儲蓄習慣的第一步，重點是讓他學習對金錢、目標、等待時間……這些難以理解的概念先產生感覺，讓孩子可以透過儲蓄得到想要的物品，而非開口向父母要求。

別忘記，我們是與孩子進行金錢「練習」，所以父母們一定要放輕鬆。

這裡也建議你，視覺化的輔助其實非常有效！對於年紀較小的孩子，你可以剪下他想要的東西圖片，貼在一個玻璃瓶上面，當孩子每週存下更多錢時，他會看到存款逐漸靠近目標；對於年紀較大的孩子，父母則可協助製作存款追蹤記錄本，每週重新計算存款金額。

二，儲蓄目標要有時間性

在父母課時，我常問父母一個問題：「你會退休嗎？這一輩子會退休的，請舉手。」大部分的父母都會舉手，沒有舉手的通常是家庭主婦或是已退休人士。

接下來，我再問：「若你確定有一天你會退休，那請問會是你生命中的哪一天？」幾乎只有十%不到的人可以回答我，每一場都一樣。而這些回答我問題的人，通常以歲數來回答，可能六十或六十五歲。注意到了嗎？父母們回答的是年紀，而非他實際擁有退休該準備的金錢。如果我再追問，到了六十五歲，還沒有存到該退休的金額，你該怎麼辦？能回答的人就更少了。

我不是要考倒大家，只是這代表一件事，就是人們對未來的退休計畫並沒有清晰的畫面，因為「退休」這兩個字，對多數人來說有點遙遠，並非現在就該煩惱的，當然也無法清楚地給出具體的時間。

如果換個問法：「我們都會到退休的那一天，你覺得要準備多少錢才能有無虞的退休生活？」把問題換成具體的金額，會協助你聚焦，假設金額是三千萬台幣，那你「何時」會擁有三千萬台幣？何時就是需要「具體的時間」，所以成人決定財務目標時不可或缺的兩大因素，一是目標，二則是達成目標的時間，在孩子的儲蓄教育也是如此。

我還記得，以前媽媽給我一個存錢筒，但她沒有告訴我要完成什麼目標，對當時的我來說，只是不斷把錢裝進去，這個行為對我來說並沒有太大的意義，只是一種數字變化而已。所以，你需要幫孩子定下明確實現目標的時間，比如說下個月三號，全家一起去兒童樂園玩，孩子的門票必須自己出——具體目標是「門票五十元」，「下個月三號」就是明確的時間。設定目標時，這兩者須同時兼具，否則儲蓄規則就喪失了意義。

三，從小金額的目標開始練習

你知道嗎？一個人中了樂透，平均在七年半後，生活會回到原本的水準，甚至更低

——追探其道理，其實是這人從未「練習」過這麼大筆的金錢。對，你沒看錯，金錢是要練習的！因為缺乏練習，只要有任何誘惑、需求或是他人借款都照付不誤，更沒有善用金錢，實在浪費了上帝給他的好運！

其實孩子也是一樣，你是否想過，如果直接給孩子十萬元台幣，會發生什麼事？他有可能完全不知所措！不小心中樂透的人就跟孩子一樣，雖然幸運，但缺乏管理能力。

存錢也是需要練習的，並且從小金額的目標開始最好，如果一下子儲蓄目標金額太大，孩子反而會失去耐心，容易放棄也容易更換目標。所以當你準備給孩子零用錢時，請幫他找一個較小的目標金額開始練習，等他達到目標，就會產生成就感，也培養孩子完成目標的信心及習慣；下一次，再放大目標金額，這樣的練習才有意義。

四，每次完成後，放大目標金額及延長儲蓄時間

一開始幫幼兒園或小學生設定目標金額時，每一週甚至每個月不要超過一百元，我們需要做的只是讓孩子去完成目標，可以問問他達成的感受，並協助他們找尋下一個更大的目標，這目標也必須花上較長時間才能實現。

好比說這次儲蓄的目標時間是三週，成功後可以練習一個月的計畫，讓孩子學會忍耐跟等待，也對數字跟金額這無形的認知有所感覺。

五，中年級開始同時擁有兩個儲蓄目標

中高年級的孩子，要有同時儲蓄兩個金錢目標的能力，也就是同時執行兩個目標的計畫，一個是屬於一個月的短期目標，另一個則是需要半年以上的長期目標。如同成人在理財時不該把購車、購屋的目標混為一談，退休金的帳戶也不該等同於孩子的教育基金帳戶，所以要從小建立專款專戶的概念，讓孩子練習執行不同目標的儲蓄。

FQ 教養重點

綠色儲蓄小豬公的五個儲蓄重點：

1. 要有具體的目標
2. 目標要有時間性
3. 從小金額的目標開始練習
4. 每次完成後，放大目標金額及延長儲蓄時間
5. 中年級開始同時擁有兩個儲蓄目標

看蟋蟀跟螞蟻的故事學儲蓄

在炎熱的夏天裡，螞蟻一大早就在辛勤地工作，蟋蟀則是每天唧唧唧地唱歌，遊手好閒，過著很舒服的生活。

蟋蟀對螞蟻的辛勤工作感覺很奇怪，牠覺得滿山遍野都是花朵、不愁吃喝，所以牠問：「你為什麼要這麼努力地工作呢？休息一下嘛，像我這樣子唱唱歌，不是很好嗎？」不過，螞蟻仍然繼續工作，都不休息，牠說：「在夏天裡積存食物才能為嚴寒的冬天做準備，我們沒有多餘的時間歌唱、玩耍。」

蟋蟀聽螞蟻這麼說，就不再理螞蟻了，牠心想，螞蟻真是愚蠢，為什麼要想離現在那麼久以後的事？現在好好享受不是很好嗎？

很快地，夏天、秋天過去，冬日來臨。北風呼呼地吹著，天空中下著冰冷的雪，蟋蟀消瘦得不成樣子，一點食物也找不到。走在雪地裡，蟋蟀突然想到螞蟻，這時候螞蟻在溫暖的家裡，早就儲存了好多食物。當蟋蟀找到螞蟻的家時，螞蟻們正快樂地吃著東西。蟋蟀敲了敲門：「螞蟻先生，請給我一點吃的東西好嗎？我真的餓得受不了了……」

COLUMN

螞蟻對牠說：「夏天的時候，你為什麼不聽我們的話，儲存一點食物好過冬呢？」蟋蟀回答：「夏天的時候我每天都在唱歌，哪有時間儲存食物呀。」

螞蟻說：「既然你用整個夏天唱歌，那你就用整個冬天跳舞好了，我們存的食物只足夠讓我們過冬，真的沒有辦法分給你呢。」於是，螞蟻就把門給關上了。

蟋蟀覺得十分後悔：「如果我跟螞蟻一樣，在夏天儲存食物有多好呢……」

小朋友，聽完這個故事，你比較想當蟋蟀還是螞蟻呢？為什麼？你覺得，螞蟻和蟋蟀有什麼不同呢？

蟋蟀的行為就叫做及時行樂，看到眼前有好玩、好吃的就馬上享受了，和我們使用金錢一樣，如果每次有錢你都立刻花掉，買想買的東西，你就永遠達不到儲蓄目標了。

螞蟻不一樣，並不是說牠不想玩，而是牠有一個目標，要為冬天作準備，所以晚一點玩樂。小朋友，有沒有發現當人有目標時，比較能延遲享樂，為你的目標儲蓄呢？

引導反思

- 生活中，有哪三種行為像故事中的螞蟻？
- 生活中，有哪三種行為像故事中的蟋蟀？
- 如果你是螞蟻，你會分一些食物給蟋蟀嗎？

LESSON 13

帶孩子學記流水帳

既然知道金錢是需要分配的，我們就需要輔助工具，檢視存錢跟花費的記錄——記帳，就是非常實用的方式。

使用記帳表，檢視目標進度

記帳是件不容易的事，我大學時曾連續記帳兩年，我體會到，記帳的好處是可以知道每個月的開銷，進而控制預算。最棒的是讓每個支出都有檢視點，若某個月突然增加消費，回頭檢視是跟朋友去吃大餐變多了，那下個月就應該有所節制。我鼓勵父母們自己也要記帳，現在許多信用卡有消費分析，也可視為一種記帳的方式。

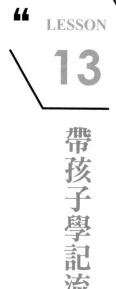

我的記帳本

對孩子來說，記帳的好處是檢視目標達成的進度，同時也可看見花費到哪裡去了，有沒有買太多不需要的東西？上小學後，孩子可以利用帳上的記錄，做一次一個月的預算規畫。尤其孩子幼兒園大班或小學開始，已經會一點加減法的計算，就可以讓他自己寫。

請參考 P.110，父母們可以依照這個格式，配合以下細部步驟說明，開始進行生活記帳囉！

與自己的金錢約定

與孩子一起唸出裡面的內容：

「我是＿＿＿＿＿＿，從今天開始，我與自己立下約定，要成為金錢的好管家。我知道每一塊錢的價值，當我拿到收入時，都會先存後花，善用每一塊錢是我的工作，也是我的使命。」

儲蓄 $ **SAVE** 月

我的夢想・金額 ＿＿＿＿＿＿＿＿

Picture

日期	存入金額	累積存款

與自己的金錢約定

我是＿＿＿＿＿＿＿＿＿＿＿＿＿＿＿。
從今天開始，
我與自己立下約定，
要成為金錢的好管家。

我知道每一塊錢的價值，
當我每次收到收入時，
都會先存後花，
善用每一塊錢是我的工作，
也是我的使命。

立約人：＿＿＿＿＿＿＿＿＿＿＿小朋友

見證人：＿＿＿＿＿＿＿＿＿＿＿（家長）

日期：＿＿＿＿＿年＿＿＿＿月＿＿＿＿日

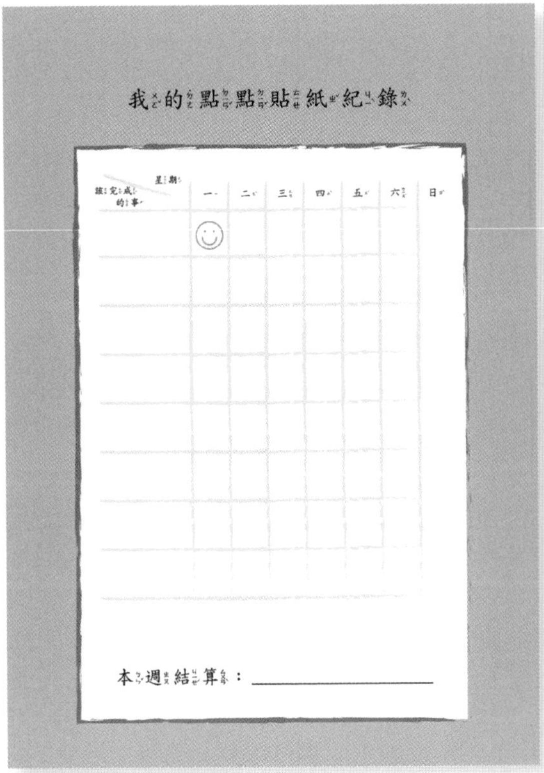

我的點點貼紙紀錄

星期 / 該完成的事	一	二	三	四	五	六	日
	☺						

本週結算：＿＿＿＿＿＿＿＿

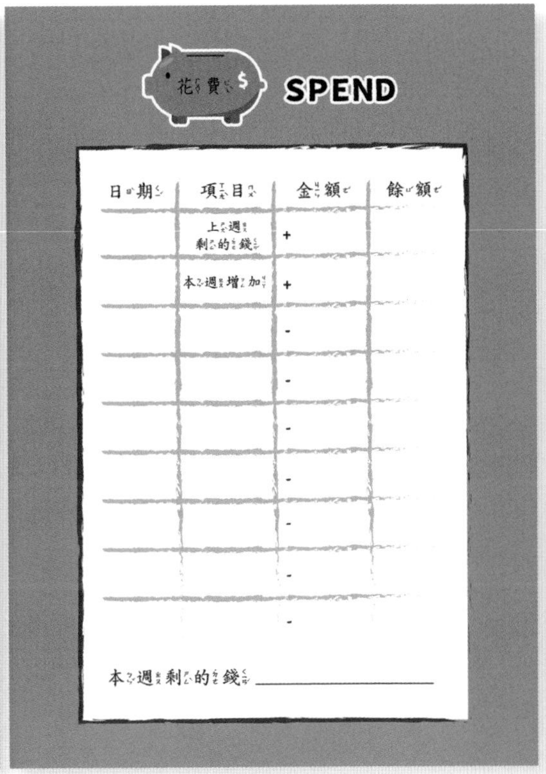

日期	項目	金額	餘額
	上週剩的錢	+	
	本週增加	+	
		-	
		-	
		-	
		-	
		-	
		-	
		-	

本週剩的錢＿＿＿＿＿＿＿＿

（完整大小檔案請見 P.271 ～ 274）

說明後雙方簽名或蓋章，注意哦，這是社會化的過程，主要是讓孩子懂得履約，在雙方認同下執行。

儲蓄我的夢想

一起跟孩子確認目標——記得必須是孩子感興趣的，不是你覺得重要的。把這個目標的金額數字寫上去，最好將目標的照片也放上去，「視覺化」的目標效果更好，孩子執行意願也較高！寫上預計要完成的日期——提醒你，這是週計畫，記錄孩子每一週的存入金額，讓孩子看見除了撲滿的錢在累積，數字也跟著累積。

花費

記錄當週的花費項目，通常是支付需要跟想要之間的差距。只要是在父母認知的合理範圍下，請讓孩子用消費的戶頭支付。關於買東西的概要及其引導技巧，在 Part 3 會詳細介紹。

整合「我的點點貼紙」記錄

趁著孩子訂下儲蓄目標之時，父母可整合之前的點點貼紙記錄，和孩子一起參與討論家庭生活中的責任及義務，以及孩子的習慣養成、公共領域的工作指派……等。

切記！一開始項目不要太多，對於學齡前的孩子，你可以挑五至七件，像是：起床後自己摺棉被、「好好說話」的態度表達……每天晚上檢視，依年紀做點點貼紙的兌換。

對於學齡前的孩子，可以是一點貼紙兌換一元，此階段孩子花錢機會較少，隨著目標達成後，可逐步放大儲蓄目標及金額，讓儲蓄跟消費的帳戶互相搭配。

FQ 教養重點

1. 記帳的好處是可以知道每個月的開銷，進而控制預算，讓每個支出都有檢視點。
2. 只要孩子會一點加減法的計算，就可以開始讓他學習記流水帳。
3. 跟孩子一起進行以週為計畫的儲蓄目標；若能將目標視覺化更棒！

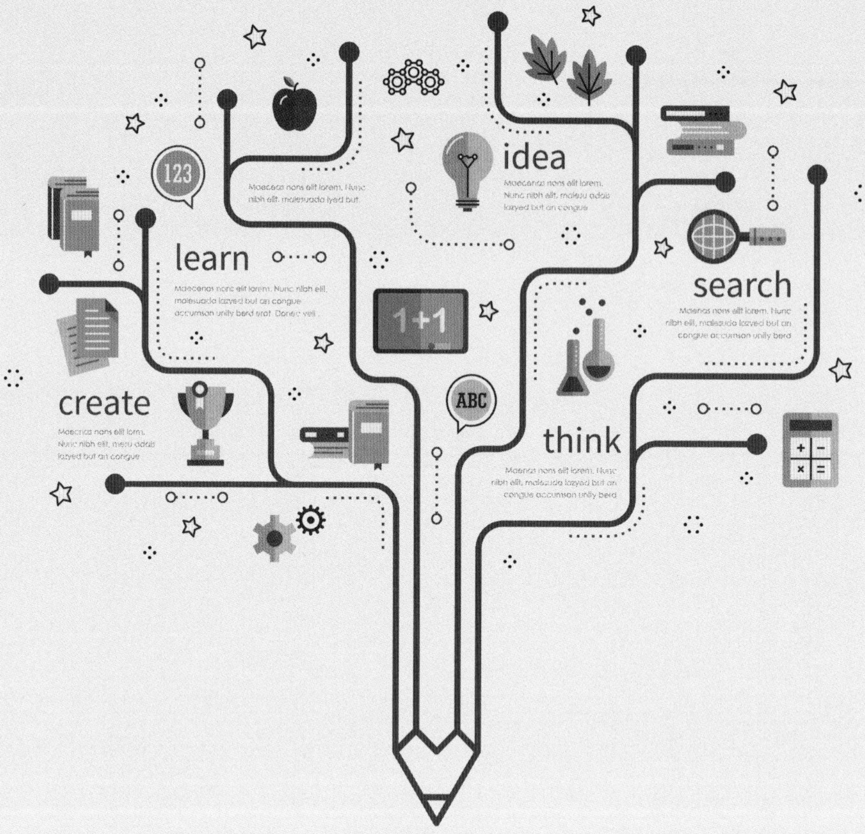

本章課題

★辨別「想要」與「需要」，學習延遲享樂

★理解「先存、後花」，控制預算分配

★透過 3S 教練式引導，讓孩子思考

Part 3

學習當個 金錢的好管家

消費，先別急著吃棉花糖

你曾經在賣場裡，因為孩子什麼都想買而感到困擾嗎？除了拒絕他以外，有沒有更好的溝通方式？有些父母自己也寵愛甚至溺愛孩子，面對孩子的要求實在沒輒！ 但，難道我們每一次都要滿足孩子的「想要」嗎？

父母平時的消費方式，其實在無形中都影響著孩子。若不現在就從聰明消費著手，孩子在未來面對琳瑯滿目的商品，該如何進行判斷呢？這個章節中，我們就來談談如何學習當一個金錢的好管家，談談孩子在買東西上有何該注意的地方，以及如何加以引導。

LESSON 14 延遲享樂，「控制」金錢的品格力

「需要」和「想要」，是在我們布萊恩兒童商學院課程中常被提及的觀念。在「小紅帽的冒險」課程中，我們會讓老師演出大灰狼的角色，讓小紅帽買一些探望奶奶時不需要的東西，除了把小紅帽的錢騙光，也計畫吃掉小紅帽！我們希望孩子透過戲劇故事，身歷其境，進而協助小紅帽辨別魔法商店裡的誘惑；孩子們除了伸張正義外，也透過動態的戲劇學習提升辨別能力。

參與過的孩子們通常對故事情節印象深刻，我們也藉此告訴孩子，其實生活中有很多類似的誘惑，像是精美的廣告，以及讓你非買不可的促銷方案，都會讓你掉入大灰狼的陷阱中！所以下次去買東西前，要多想想哦。

簡單辨別「需要」vs.「想要」

當人們「想要」的超過「需要」的，簡言之，就是買得比需要的多，這也是一種「過度消費」的行為，會造成浪費甚至產生財務問題。我們需要告訴孩子，在「需要」跟「想要」之間，其實有一條「合理消費力」的線。

父母可以透過這條線，檢視親子的消費項目是在哪個區間。請畫一條橫線，線的左邊是需要，右邊是想要，中間再畫一條垂直中線——這條中線就是合理消費力的線。

圖示舉例：大人的旅行箱

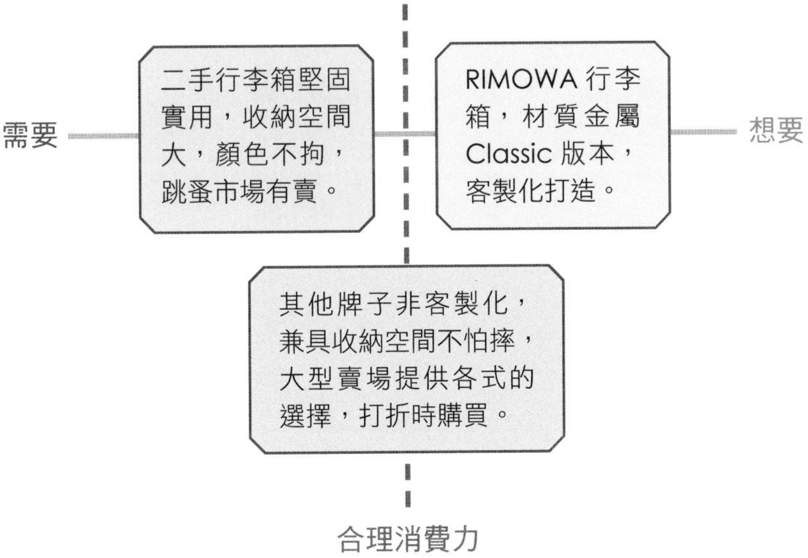
需要
二手行李箱堅固實用，收納空間大，顏色不拘，跳蚤市場有賣。
RIMOWA 行李箱，材質金屬 Classic 版本，客製化打造。
想要
其他牌子非客製化，兼具收納空間不怕摔，大型賣場提供各式的選擇，打折時購買。
合理消費力

深度思考「想要」與「需要」

以定義來說，「『需要』是生活中一定必要的，而『想要』是增加物質上的享受，但沒有得到其實也沒關係。」

我的孩子非常喜歡吃壽司，我們在家中會一起包壽司，一來讓孩子認識食材，也增加親子相處的樂趣。但有一天，我帶他們去吃了「藏壽司」之後，他們對吃壽司這件事要求就不一樣了——「藏壽司」有個讓孩子一試成主顧的最大誘因，就是每集五盤壽司，即可換一次抽扭蛋的機會。當然，不一定每次抽獎都有獎品，但為了贏得扭蛋，平時食欲不好的孩子這時也會興高采烈，一盤接著一盤，父母的荷包當然越來越瘦。

這裡要提醒父母，不是每一次孩子要求吃「藏壽司」時都會被允許，對吧？我們應該藉這個機會告訴孩子，在家包的壽司雖然沒有扭蛋，但是包進了我們的愛，這就是「需要」。而在外面壽司店吃雖然提供了蒐集的樂趣，但這其實也包含在消費成本當中，是需要付費的，所以吃藏壽司就是「想要」，而非「需要」。

從父母自身的角度，也可以想想自己生活上的需要跟想要，舉個例子：在台北市居高不下的房價情況下，我們「需要」買個小套房居住嗎？這小套房的總價，應該可以換郊區三房兩廳的空間——你是「需要」住在台北市，還是「想要」住在台北市？若需要

> **如何定義「需要」？「想要」？**
>
> 「需要」是生活中一定必要的，而「想要」是增加物質上的享受，但沒有得到其實也沒關係。

的成本太高，有沒有可能用租的？或是選擇交通便利的其他地方？當我們可以清楚地判斷那條需要、想要之間的線，我們在教育孩子的立場上也會堅定許多。

孩子們怎麼分辨需要跟想要

當孩子年紀還小時，「需要」跟「想要」的定義上比較簡單，但隨著孩子年紀與感知增加，或上學後認識的東西多了，父母就要協助他們判別。

你是否見過在賣場裡，孩子哭鬧索求某個東西，而父母不知如何是好的尷尬場面？隨著孩子的情緒越來越高漲，哭鬧的聲音越大，父母們可能會覺得不好意思，只好直接滿足孩子的需求，或是趕緊把孩子帶離現場，並且告誡：「你下次再這樣我就不帶你來了！」

我想各位都同意，我們不會滿足孩子每一次的欲望。在這裡，布萊恩老師在下一篇（LESSON 15）會分享一些方法，避免產生這尷尬的場景，完勝你家的伸手牌小孩！

在我們的教學現場，會發現孩子其實可以很輕易地分辨需要跟想要，好比說，口渴的時候要喝水還是可樂？我想這答案應該是很簡單，水是「需要」，可樂是「想要」，孩子本身其實很容易辨別。但在現實生活中，我們都知道，孩子是知易行難啊！

跟猶太人學習，透過延遲享樂，學習金錢的控制力

「控制力」是金錢養成品格中的一個重要特質，而「延遲享樂」本身就是一種控制力的展現，其核心是：「我明明現在可以得到我想要的，但是我選擇不要，因為我要忍著去換更大的。」

你的孩子是否可以面對誘惑、抗拒誘惑？我們來看看猶太人怎麼教育孩子的。在猶太人財商教育最重要的一點，是培養孩子「延遲享樂」的理念。所謂延遲享樂，是指延期滿足自己的欲望，以追求未來更大的回報——這幾乎是猶太人教育的核心，也是猶太人成功的最大祕密。

猶太人會這麼教孩子：「如果你喜歡玩，就要去賺取你的自由時間，這需要良好的教育和學業成績；之後你可以找到很好的工作，賺到很多錢，等賺到錢以後，你可以玩更久的時間、玩更好玩的玩具。但如果你搞錯了順序，整個系統就不會正常進行，你就只能玩很短的時間，最後的結果，就造成你擁有一些最終會壞掉的便宜玩具，然後一輩子必須更努力地工作——沒有玩具，也沒有快樂。」這就是猶太家庭教育孩子延後享受的最基本例子。

FQ 教養重點

1. 讓孩子學會辨別「需要」與「想要」。
2. 想想自己的合理消費力線在哪裡。
3. 猶太教育的核心：延遲享樂。

LESSON 15

先「需」後「想」分配好，注意廣告和行銷

「消費」可以帶來滿足感，確實是件讓人開心不已的事情，對於孩子來說更是難以抵擋。尤其是現代社會的誘惑太多，雖然孩子明明知道要選擇「需要」，但實在有太多「想要」的了！父母可以先透過以下聰明消費的兩個觀點——識別廣告手法、善用促銷，提升孩子聰明消費的技能，避免掉進廣告及商人的技巧中。

識別五個廣告手法

當小孩跟你吵著買玩具時，除了「不行」，還有沒有其他說法？當孩子被廣告吸引時，除了「廣告都是騙人的」，如何能轉換為「一起欣賞」廣告？

在我們的生活中，處處充斥著廣告，透過各式各樣的媒體推播，還有社群軟體及各類APP，可以說是無孔不入。教孩子用以下五點，聰明趕走廣告小妖精，從形形色色的商品中，去分辨、購買真正需要的商品。

色彩包裝

每一個顏色都有它代表的感覺，商品或招牌用不同的顏色，會讓產品更加吸引人。一起來看看常見的色彩各暗示了什麼感覺吧！

⊕ 粉紅、粉藍色

粉嫩的色彩代表了青春與可愛，很多商品就是用這類色系吸引小朋友，讓他們不自覺地掏錢購買。此外，大人的保養品也常常使用這種色彩，彷彿讓人感覺使用之後，皮膚就會變得和嬰兒一樣滑嫩。

⊕ 紅色、黃色

紅色和黃色有一種歡樂的氣氛，這樣的顏色最常被用在餐飲業的招牌，因為餐廳希望你覺得去用餐是愉快的——麥當勞就是使用這樣的色彩。速食店每年都砸下許多廣告費營造歡樂的形象和氣氛，這樣的氛圍連大人都很難抗拒，更何況是小孩。試著想像，小朋友愛吃的薯條，如果換成不同顏色的包裝，還會讓人想到就流口水嗎？由此，你就知道色彩的厲害了！

⊕ 黑色、灰色

這樣穩重的色系代表了專業感，需要有專業形象的商品常常都是這種顏色，例如3C產品、汽車、名牌西裝或套裝；招牌或商品若以黑灰色呈現，都能提高質感。

誇張畫面

很多廣告畫面與商品圖片其實都帶有誇大不實的成分，像是每次在便利商店看到泡麵的圖片就覺得很好吃，但買回家之後，總會覺得怎麼差這麼多？回頭一看圖片，才會注意到那一行小字：「圖片僅供參考，請以實際料理為準。」對於連大人都會失手的美好

聰明消費的兩個觀點

- 識別廣告手法，分辨什麼才是自己需要的。
- 善用促銷，購買本來就列入計畫的採買品。

畫面，小朋友就更難抵擋誘惑了，不管是《妖怪手錶》還是《寶可夢》，都讓這些虛擬角色又強大又獨特，在孩子的腦海中有無限的想像空間。

廣告代言人

很多商品都會找明星或名人代言，孩子們看到自己喜歡的偶像，似乎都使用這些商品，甚至用了之後，就會覺得和這些大明星很相像，例如穿了美國國家籃球協會（National Basketball Association，NBA）或是明星球員Curry（Wardell Stephen Curry II，沃德爾·史蒂芬·柯瑞二世）代言的球鞋，感覺打籃球就會比較厲害；或是使用了蔡依林代言的保養品，就會變得和她一樣具有偶像風範——雖然我們都知道不會有這樣的效果，但孩子到了一個對偶像崇拜的年紀時，就會特別受吸引。除此之外，明星或名人的代言也是一種品質保證，讓人覺得既然連這樣的名人都有在使用，那一定是特別美味或有效。

功能比較

我想這樣的手法，常看電視購物的人想必不陌生，像是賣拖把的廠商，除了介紹自家產品的清潔效果有多好，還非得要拿出其他品牌的拖把來對比一下，利用對比的方式突顯自家品牌的商品更具效果，也暗中貶低了競爭對手。這樣戲劇化的對比效果不一定真實，卻足以讓觀眾留下深刻的印象。

朗朗上口的主題曲

很多的產品或店家都會有自己的主題曲，為了要提高品牌熟悉度，旋律是最容易讓人記住的方式。那感覺就像是平日先和消費者做朋友，日後自然就比較好讓人買單了。想一想，當你身體不舒服時，面對琳瑯滿目的感冒藥不知如何是好時，你的腦中是否自然地響起這首歌：「感冒用斯斯，咳嗽用斯斯……」這樣簡單並重複的洗腦廣告，有時疲勞轟炸似地進入我們生活，當我們需要購買時，已經產生了對這牌子的無形信任，對比沒聽過的牌子，消費者通常還是比較容易購買感覺熟悉的品牌。

善用促銷，聰明購物

比起廣告手法，更厲害的是「促銷」，許多促銷活動除了讓潛在用戶直接購買，甚至可能買得比原本更多！比如說，你到便利商店買咖啡，原本只是要買一杯，當店員說：「今天咖啡第二杯有七折優惠，還可以寄杯，下次再來拿！」這個誘因是不是讓原本只「需要」買一杯的消費者，很可能多買了另一杯？消費者心想，反正我下次也有可能再來買，而且可以寄杯也很方便，就趁有打折時買吧！表面上，消費者只是多買了一杯，但你有想過嗎？對於便利商店來說，他多了一次消費者上門的機會，下次你去取咖啡時，也許又多買了其他的東西——看吧，超商的算盤是不是打得很精！

什麼是促銷呢？像是買一送一、咖啡第二件七折、集點數送獎品、同件商品兩件抽獎……這些都是促銷的手法，父母可以帶孩子在商店裡觀察看看，一起聊聊對促銷活動的想法。

促銷不一定是不好的，如果這樣產品是你本來就需要或者計畫購買的，確實可以利用促銷，這也是種聰明消費的表現。

像這樣，從生活中各方面和孩子聊聊理財，是非常好的。我們與孩子分享財商教育，很大的部分是在教孩子建立正確的價值觀，除了給孩子消費的部分權力，也是在培養他能辨別正確的價值。

衝動消費，讓財務安全遇到什麼風險？

你的財務安全嗎？財務安全不僅僅談資產配置、控管風險，父母們有沒有想過什麼樣的消費行為，會讓你的所得付諸流水？衝動消費的結果，是否也造成財務上的不安全？

現今社會的消費速度越來越快，支付系統也越來越完備，這代表消費者下決定的時間，其實也越來越短。以前的廣告商要上廣告，方法單一且昂貴，像是下電視廣告、廣播廣告，所以過去是「人去找廣告」。

現在是「廣告去找人」，透過平台裡使用者經驗，後台的系統會自動推播你可能有興趣的廣告或影片——若你在影音平台（如YouTube）曾搜尋過料理的影片，它會在接下來的影片當中，推薦給你類似的影片、進行播放。臉書（Facebook）這樣的社交媒體，或是GOOGLE的搜尋引擎，也布滿了大量的廣告，所以說廣告找人，一點都不誇張。此外，也有許多網紅透過開箱文的方式，與消費者分享如何購買高CP值產品，不過這有時是一種置入式的行銷方式，不一定符合消費者的個人需求。

現在的消費習慣已經與以往有很大的不同，所以如何短時間確認自己的購物需求，也是個學問。讓我們好好地跟孩子談談消費，運用聰明有效的方式，來使用每一塊錢吧。

FQ 教養重點

1. 五個廣告行銷手法：色彩包裝、誇張畫面、廣告代言人、功能比較與朗朗上口的主題曲。
2. 利用促銷，也是種聰明消費的表現。
3. 衝動消費，會讓財務安全遇上風險。

Kid's 小學堂

聰明購物１２３法則，成為消費小高手

小朋友，當你真的想要買一樣東西時，布萊恩老師與你分享一個聰明購物１２３法則，為你把關，做更理性的決定！

「1」：多考慮一天！

1，就是當你想要買某一樣東西時，再多考慮一天。有時候，離開那個購物現場，或是多一天的時間考慮，你就會突然冷靜下來，發現你並不是真正需要那件東西，只是當時想要而已。

「2」：找出兩個好處！

2，找出這項商品對你的兩個好處，買了之後會對生活、家庭關係或學業上帶來任何

COLUMN

好處嗎？規定自己一定要具體地說出來，才能購買哦。

「3」：要貨比三家

3，找找同一樣商品，在三家店裡的價格是否相同？你知道嗎，很多相同的東西被放在不同的商店，價錢就不一樣了，比如說，一瓶果汁在大賣場裡是二十元，若是在便利商店，可能就變成二十五元囉。

所以呀，記得比比看價錢。台塑企業已故的董事長王永慶爺爺曾經說過：「你賺的一塊錢不是你的一塊錢，你存下來的一塊錢才是你的一塊錢。」所以，不該花的錢不要花，這就是把錢花在刀口上。

所以，親愛的孩子，下次當你準備好要買東西的時候，別忘了「聰明購物123法則」，讓你成為一個越來越有智慧的購物專家！

小朋友們，讓我們一起來看看這個小女孩的故事。

COLUMN

想一想

1. 圖中的小女孩發生了什麼事？
2. 她做了什麼選擇？當她做了這個選擇時，她的感受如何？
3. 後來發生了什麼事？
4. 如果你是這位小女孩，你會做出跟她不一樣的決定嗎？

LESSON 16 孩子的消費戶頭——紅色小豬公

教養孩子的消費觀念其實是漸進式的，過與不及，都容易造成孩子揮霍不珍惜或成為凡事斤斤計較的小氣鬼。上街購物確實是一件開心的事情，但若想無止境地消費，可能只有中樂透才能實現吧。不只是孩子，大人的消費也需要專款專戶、在預算上控制才行，就讓這隻專管消費的「紅色小豬公」，幫我們聰明購物吧！

先存後花，執行預算分配

高中時，我有個同學非常迷戀喬丹，想買一雙喬丹的球鞋，有名人加持，這雙鞋當然價值不菲，要價台幣三千元，在當時對我來說可是天價！我的同學非常想要得到，於是省吃儉用，那時最常看到他到福利社買個麵包充作中餐，把每天的吃飯錢存下來；就這樣過了三個月，那雙喬丹鞋就在他的腳上了。

我其實很佩服這位同學的毅力，他忍耐的功力實在非同常人，但長大後回想起來，覺得這似乎不太健康——身為父母的我們，一定不希望孩子用這樣的方式去達到目標。

還記得之前我們提到，代表儲蓄帳戶的綠色小豬公吧？請記得，教導孩子學習財務智商是需要循序漸進的，在擁有代表消費帳戶的紅色小豬公之前，孩子應該先練習儲蓄完成目標一段時間——這個時間最好是半年以上，或是有實際執行儲蓄計畫、達成目標六次以上的經驗。

養成孩子儲蓄的習慣跟完成目標的信心之後，才可以給予孩子另一個戶頭——紅色小豬公，把部分消費支付的權力交給孩子。這可以當作孩子的一些小零花，買買可愛的筆記本，或是支付他「想要」跟「需要」物品之間的價差。

每一次的購買或分配，對孩子來說都是一次財務智商的練習——你看，如果想要提早完成目標，其實可以分配多一些預算到綠色小豬公中；平時看到一些想買的小東西，或許應該考慮一下：「這些是我的需要嗎？」請記得，每當孩子拿到收入時，一定要執行「先存後花」的步驟，在小學階段建立好分配能力，到了國、高中，擁有的零用錢更多，他才能有系統地去規畫自己需要跟想要的東西，進行預算分配，也能執行較長的儲蓄計畫——這些都需要養成期。

你的孩子有沒有可能因為一雙鞋或一支手機，正在省吃儉用？與其如此，不如好好跟他制定遊戲規則，就從兩個戶頭練習「先存後花」的觀念開始吧！

雞蛋不要放在同一個籃子裡

我們在執行孩子的財商課程，當中最想要傳遞的，就是將大人世界需要建立的觀念，提早教給孩子，並且用孩子懂的語言讓他們明白。

做了財務顧問這麼多年，我知道金錢是如何影響個人及家庭，特別是經歷過金融海嘯，我更清楚地了解「財務知識的建立過程並沒有捷徑」。我們都知道「雞蛋不要放在同一個籃子裡」，但是能做到的人極為少數；在二〇〇八至二〇〇九年金融海嘯來臨時，若資產全部放在結構性商品或是衍伸性金融商品，大部分的人根本來不及贖回，造成巨大的虧損，甚至血本無歸——這筆錢若是你的退休金、買房頭期款，甚至是孩子的出國就學費用，該怎麼辦？

雞蛋不要放在同一個籃子裡這個觀念，就是「分離帳戶」，讓不同用途的錢放置在不同帳戶中，這個基本概念非常重要。

> **兩個豬公的相互運用**
>
> 搭配運用兩個戶頭，才能教出延遲享樂的孩子。財務智商教育中的延遲享樂概念，就是：「我現在明明可以選擇想要的東西，但我選擇不要，因為我要去換更大的（儲蓄戶頭目標）。」父母可以放心地把金錢交給孩子分配，但不要忘記，要做「先存後花」的動作，先支付儲蓄給綠色小豬公，再把剩下的錢放進紅色小豬公。

讓孩子認識分離帳戶

教導孩子財務智商，「分離帳戶」的觀念非常重要！我們希望孩子從小就學好分配金錢（預算）的管理，最基本的練習方式，就是將「儲蓄」跟「消費」的戶頭分開。如果父母只給孩子一個戶頭，想想看：「儲蓄的目的是什麼？儲蓄的進度到哪裡了？如果有時孩子想買一些小東西，該怎麼辦？」你應該從這兩個戶頭的搭配運用來解決！在我們課程裡講述、活動操作最多的，就是「分離帳戶」搭配「先存後花」觀念，沒有這個基礎觀念的打底，講述投資、資產、現金流、非工資收入……都實在言之過早。

我們建議孩子在上小學後，可以進行「分離帳戶」的練習。首先，準備好兩個撲滿，一個是專門存錢的綠色小豬公，另一個就是專門消費的紅色小豬公。

存錢的綠色小豬公在前一章提到過，是屬於比較長期的目標，是需要等待一段時間可以達成的項目。紅色撲滿則是消費用的，主要是讓孩子自行支付「需要」跟「想要」

物品間的價差——例如一支普通自動鉛筆是十元，卡通人物形象的自動鉛筆是三十五元。孩子可能實際「需要」一支自動鉛筆，但他「想要」卡通人物形象的自動鉛筆，因此「想要」和「需要」之間的價差二十五元，就可以讓孩子從紅色小豬公去支付。

這樣的好處，是讓孩子學會「自己決定」是否該買想要的東西。確實，孩子難免會有物欲的時候，像是他想要的可愛筆記本、小零嘴，都可以由紅色小豬公去支付，這個撲滿的使用沒有時間、地點的限制，孩子有權利自由使用。

我們都知道，花費少一點，存錢就會多一些，但這裡的重點，是讓孩子學會「分配金錢」這項功課。此時，孩子的財務智商是在逐步建立的過程，少了運用練習的過程，他們就無法處理突如其來的金錢——存錢是一種練習，消費也是一種練習，買東西的先後順序也是一種練習。在這樣的過程中，父母要多和孩子一起討論，隨著練習次數增加，孩子本身對於價值觀的判斷就會變得越強。不用擔心孩子會犯錯，因為這時候容易教育；即使犯錯，成本也比較低，父母要留意「分離帳戶」的相關學習哦。

分配的比例拿捏及順序

許多父母在發放零用錢後，以為只要做好監督的角色就好，其實並非如此。

一開始執行兩個戶頭是有比例要求的，我們建議儲蓄帳戶要超過五十%以上，因此當我們給孩子零用錢或收入時，第一個動作，先要求孩子將至少一半的金額存進綠色小豬公，例如一百元中，要存入五十元或五十五元以上，剩下的則放入紅色小豬公，讓孩子自己決定購買的物品。當孩子是低年級時，產品可能是一些他想要的小東西，或請他自己支付「想要」跟「需要」之間的價差；當孩子來到中高年級時，處理金錢的能力較好了，這時他的零用錢也會成長，紅色小豬公就會轉換成為孩子「需要」的東西，像是放學肚子餓時買麵包，或是一些文具用品、儲值悠遊卡等。

所以要掌握兩個前提：第一就是優先支付綠色小豬公（儲蓄帳戶），再放進紅色小豬公（消費帳戶）；第二是每次存進綠色小豬公的錢，要超過紅色小豬公的錢，儲蓄撲滿要大於零用錢的五十%。

FQ教養重點

1. 執行預算分配，讓紅色小豬公幫孩子聰明購物。
2. 分離帳戶，讓孩子學會雞蛋不要放在同一個籃子裡。
3. 掌握分離帳戶的比例：先存後花，並讓儲蓄帳戶大於零用錢的五十%。

Kid's 小學堂

兩個小豬公，可以存錢也可以花！

小朋友，你們有在存錢嗎？你是不是有一個儲蓄罐，拿到錢就把它投進去呢？這樣做非常棒，代表你已經達成第一步了！不過，這樣存錢也是有缺點的，有沒有發現以下兩種狀況：

第一，當你有一個儲蓄目標時，為了要存到錢，是不是其他什麼東西都不能買了？你有覺得被限制了嗎？

第二，如果常常把儲蓄的錢拿出來買其他東西，好像永遠都達不到儲蓄目標？真傷腦筋，怎麼辦呢？這裡有個辦法，不僅讓你存到錢、完成設定的儲蓄目標，當有一些想買的東西時，也可以買得到！

儲蓄用的綠色小豬公vs.消費用的紅色小豬公

首先，請你準備兩個儲蓄罐，必須是透明但有顏色的，讓你可以清楚看見有多少存款。

COLUMN

綠色小豬公代表儲蓄帳戶，有可能是一個比較貴的目標，需要花一點時間存錢來購買。你每一次拿到零用錢時，都要「先」餵它，至少要存下零用錢的一半。剩下的錢餵紅色小豬公，代表消費的帳戶，讓你可以購買一些小金額的東西。

要記得！每次拿到零用錢都一定要立刻分配——先存、後花，這個順序很重要！如果你拿到收入之後，總是先花了錢，你會發現剩下的就不多了，甚至你可能把它花光光，就存不到錢囉。但當你每次拿到錢之後，都先為了目標存錢，剩下的再拿去消費，就能保證每一次都有存到錢。

這件事連很多大人都做不到呢！不信你可以問問爸爸媽媽，他們有沒有先存後花呢？有的話就太好了，是你很好的榜樣！如果還沒有做到的話，你們可以一起努力，讓全家人都有正確的理財習慣。

設定短期目標

還記得我們上一堂課所教的，把儲蓄目標畫下來、說出來、貼起來嗎？那要怎麼樣設定目標呢？千萬別急著存未來的買房、留學或是創業基金！我們存在綠色小豬公的主要是短期目標，也就是六個月以下的目標，像是去海洋樂園的門票，或是買一本喜歡的書，請你和爸爸媽媽一起討論，訂立一個短期目標。

別忘了先從一些小的目標開始練習，當你達到、有成就感了，你就會知道存錢是一件很有趣的事！接著，慢慢拉長目標時間，再去存第二個目標、第三個目標，你會發現，儲蓄可以幫助你買到很多想要的東西。

至於紅色小豬公，就是可以讓你用來零花的，當你有兩個儲蓄罐時，你就會發現，你既能存到錢，也可以滿足一些小小的購物欲望。

先存後花＋馬上記錄

找一本筆記本，記錄你現在存了多少錢，還有多少錢可以花。別忘了，每次存錢、花

COLUMN

錢後，當天都要記錄下來，你就會很清楚離目標還有多遠，或是還有多少錢可以花。如果你想快一點達到你的儲蓄目標，布萊恩老師建議你多放一些給綠色小豬公；不過別忘了留錢給紅色小豬公，有時候生活中還是有很多突然需要支出的花費。而且，花錢也是需要練習的，練習的次數越多，你就越能聰明地買東西。

最重要的是，別忘記當你拿到錢時，一定要分成兩個帳戶——先存後花。從現在開始準備兩個撲滿，你一定能把金錢分配得很好的。

LESSON 17

運用教練式引導，和孩子進行對話

身為父母，把錢交給孩子時，會不會老是帶著自己的眼光跟盼望，希望孩子做出自己心目中的決定呢？

之前有提過，我們給孩子「錢」，也要給他「權」——前提當然是孩子先盡了他的責任，像是點點貼紙裡的規範。在我觀察中，要父母全然放手，一開始是有點挑戰的——這時，父母就需要「教練式引導」這個好方法來幫忙囉。

什麼是教練式引導？

我的事業教練、「傑作國際專業教練有限公司」創辦人陳世明曾說：「一位稱職的父母要有三種角色：老師（教導）、教練（啟發）、朋友（陪伴）。」

父母作為孩子的老師，必須教他生活上的態度、知識與技能，讓孩子能應對生活；作為孩子的教練，必須要啟發他的潛能，讓孩子能發揮最棒的自己；作為孩子的朋友，就必須能無話不談，讓孩子能獲得支持。

然而，父母何時要當老師？何時要當教練？何時要當朋友呢？

基本上，當孩子不懂時，父母就要當老師去教導孩子；當孩子想突破時，父母就要當教練去啟發孩子；當孩子沮喪時，父母就要當朋友與孩子談心。

要瞭解教練式引導，首先要從教練的原意說起。教練的英文是Coach，另一個意思是馬車。馬車的工作，就是幫助坐在馬車上的人，去他想要去的地方，而不是馬車本身要去的地方。所以，當有一個人在幫助另一個人達到目標時，這個人就是教練。因此，當父母要以教練方式引導孩子時，就要把自己當作一輛馬車，也就是以孩子為主體，幫助、陪伴孩子突破，找到、達成他自己想要的目標，而不是父母要的目標。這目標可以小至突破學校課業，大至確立人生目標；當目標是來自孩子自己，他就有動機去執行，有責任感地去達成，因為這個目標是他要的。這一切都必須透過一系列有效的對話，因為孩子心中的想法，就是經由親子間的對話，逐漸形塑出具體的形象。

孩子買了東西卻沒在使用，該怎麼辦？

許多人在追求某個心喜的物品總是心心念念，但真正擁有它的時候，就會把它放在一邊單純觀賞，甚至忘了它的存在。這個心態，就是你已經擁有、征服了這個產品，它已經給你滿足感了，可能就不用這麼講究實用性——對孩子來說，也是相同的。

有時候孩子終於買了一個夢寐以求的積木，但看他碰了兩次就再也不玩了，父母心裡一定覺得非常浪費，於是你開口問：「為什麼都不玩積木呢？」

孩子回答：「因為我覺得不好玩。」

你：「你明明就存了兩個月的錢才買來的，這不是很浪費嗎？」

他回答：「這是我用自己的錢買的，你當初也支持我買啊！」

也沒錯，明明就是他用自己的錢買的，我們好像也無從置喙，但難道就要放任他這樣浪費嗎？

其實應對這個狀況，也是有正確步驟的！我們可以利用教練式引導，讓孩子重新認識他的購買行為，在這個過程中，他也能學習到如何更聰明地購買東西。別錯過了和孩子練習金錢對話的好機會，在購物前、後都有相應的小技巧。

利用3S教練式引導，提出讓孩子思考的好問題

當孩子想買東西前，利用3S引導法則，協助孩子先練習思考，再來下決定。在購物行為後，再提出三個問題，和孩子一起聊聊這次的消費行為。

第一個S，stop：暫停

讓孩子停下來想一想：「我真的需要把錢花在這裡嗎？」如果他非常確定自己想這麼做，你可以使用P.130的「聰明購物123法則」的方式，詢問：「你可以想出兩個理由嗎？」

給父母的小提示

- 為了給孩子犯錯的機會，不要錯過每一次跟孩子討論金錢的機會。
- 在日常的場景中讓孩子學會比價，以及消費的樂趣。
- 讓孩子擁有控制小金額的練習機會，日後他就能控制大的預算。

第二個S，scheme：策畫

問問孩子，如果他花錢買了這樣東西，他是不是得放棄另一樣東西？有沒有其他更想要或是同類型的商品可以代替？這是訓練孩子學習「機會成本」概念的絕佳機會。

假設孩子想要買鋼鐵人的水壺，他可能要放棄去六福村遊樂園玩樂一次，孩子必須在鋼鐵人及六福村樂園兩者擇一；若孩子選擇了鋼鐵人的水壺，六福村的門票就是他的機會成本。這樣提問的方式，可以協助孩子再次確認自己的購買決定。

第三個S，support：支持

如果孩子能回答以上的問題，不論最後他決定購買與否，都要支持他——就算你知道這是一個錯誤的決定。不須急著教訓他，而是在最後透過以下三個問題，協助孩子將這次購買當作一個有價值的經驗：

- 問題1：你對自己的消費感到滿意嗎？
- 問題2：你有沒有因為這消費放棄什麼事情？

• 問題 3：下一次你會不會做出同樣的決定？

這三個提問，都可以讓孩子得到這次購買的寶貴經驗。3S教練式引導使用的時機，是孩子用自己的錢購買物品時——無論這個錢來自綠色或紅色小豬公，都是可以理性討論的。身為父母的我們不要過度主導，要適時保留一點彈性。

FQ 教養重點

1. 給孩子「錢」，也要給他「權」。
2. 3S教練式引導：暫停、策畫、支持，提出讓孩子思考的好問題。
3. 購買後的三個問題：你對自己的消費感到滿意嗎？你有沒有因為這消費放棄什麼事情？下一次你會不會做出同樣的決定？

整個賣場，都是我們的理財教室！

跟孩子一起享受比價購物的樂趣吧，如果你帶孩子進行產品的比價，他會發現這件事情其實很有趣！許多孩子對細節非常著迷，父母可以趁一家人到超市時試試看，也許孩子會在超市裡找出最划算的產品！

五～九歲的孩子：從制定一個晚餐預算開始

1. 思考今晚吃什麼：假設是義大利麵，什麼口味？有什麼配菜？需不需要水果、牛奶？當作遊戲，讓孩子預估這餐會花費多少錢，讓孩子對三餐產生數字的概念。
2. 擬定清單：將所需的物品列成清單，讓孩子知道這張清單，就是今天的任務。
3. 出發買菜去：請記得，這次的任務是要完成晚餐的材料！盡可能集中精神在購買清單內的東西。
4. 結帳、收好發票，進行記錄分享：核對一下，是否有買當初沒有預設的物品？這個動作可以協助孩子日後更加周延地計畫。
5. 讓孩子協助做菜準備或清理：這對孩子來說是個很有成就感的事，也是家庭關係更進一步的催化劑。

COLUMN

十～十二歲的孩子：參與家庭支出的週計畫

1. 預算：預估一週所需的家用總預算，再進行個別項目的預算規畫。
2. 分類：將需要購買的項目進行分類，像是生活用品、食物、文具、娛樂，將預算製作成表格，並填入個別細項。
3. 列出清單：出發前，列出所需物品的清單。
4. 購買、比較：到了賣場後，帶領孩子學習比價。比如兩種品牌的花生醬，價差可能差了三倍，但是價格較高者可能沒有過多添加物。另外，若是孩子喜歡水果，可說明當季水果比較便宜、新鮮，適時給孩子機會教育。除了比價的樂趣，也讓孩子學習健康觀念。此外，購買衛生紙時，可讓孩子留意賣場貨架上有標記每一抽多少錢，讓孩子學會注意細節。
5. 記錄帳單：回家後，攤開發票比對清單，看看是否有超出清單的項目。
6. 比對購物結果：將此次購物金額比對預算，是結餘或是超支？
7. 回顧並分析：下一週，可以進行怎麼樣的改善？（結餘會讓孩子產生成就感！）
8. 聆聽且讚美：聽聽孩子的分析，並且鼓勵他，因為他會為購買做計畫，已經學到了消費課堂的技術囉。

阿毛的夢想

我們來聽聽「阿毛的夢想」，看看他怎麼用錢，幫他分析一下問題在哪裡，也幫他想想要怎麼解決。

阿毛有一個夢想，就是用自己的零用錢，存一張六福村的門票，和同學一起去玩。

媽媽每天給阿毛兩百元，讓阿毛可以買早餐、文具，或是其他需要的花費，有多餘的錢就存起來。今天，阿毛上學途中到便利商店買了一瓶牛奶（二十元）和一個御飯糰（二十元）當早餐，還買了一條他最喜歡的草莓軟糖（十二元），結帳時看到旁邊的可愛造型原子筆（九十九元）是他最喜歡的鋼鐵人圖案，決定買一支。早自習考英文，他拿出剛買的造型原子筆寫考卷，下課鐘響時，老師說下節課要互相改考卷，請同學準備好紅筆。阿毛發現紅筆沒水了，趕快到合作社買了一支紅筆（十元），這時他覺得有點渴，順手買了一瓶礦泉水（十元），根本忘了自己的水壺就在教室裡，回去就可以喝。

中午時，營養午餐都不是阿毛喜歡的菜色，他只吃了幾口就跑到合作社買肉鬆麵包（十元）。下午上完體育課，打籃球出了一身汗，他又跟同學到合作社，買了一瓶大罐綠茶（二十元）大快暢飲，滿足地過了一天！

COLUMN

小朋友，我們來想一想

- 你覺得阿毛有機會完成夢想嗎？
- 阿毛在花錢上面有什麼問題呢？有什麼是他不該花或是花太多錢的？
- 阿毛買的每一樣東西，哪些是他真正需要的？哪些是他想要的？
- 幫阿毛想想辦法，要怎麼改變，才能完成夢想，又能買到生活必需品呢？

結語

阿毛沒有先儲蓄再消費，拿到零用錢就把錢花光了，這樣是無法存到錢去六福村玩的。所以，我們拿到零用錢要先儲蓄一部分的錢，並且先買「需要」的東西，再買「想要」的東西，而且要衡量是否花太多錢去買。

每個人都有需要、想要的東西，「需要」是為了維持生活，跟健康、學業、工作、生涯發展有關。「想要」則是你期望得到的，但若是無法擁有，其實並不會影響生活。每個人對想要、需要的認定可能都不同，重要的是，自己要清楚在什麼情況應該做什麼事，真正需要的東西又是什麼。不要花了錢，卻沒有買到真正需要的，反而造成自己的困擾和負擔。

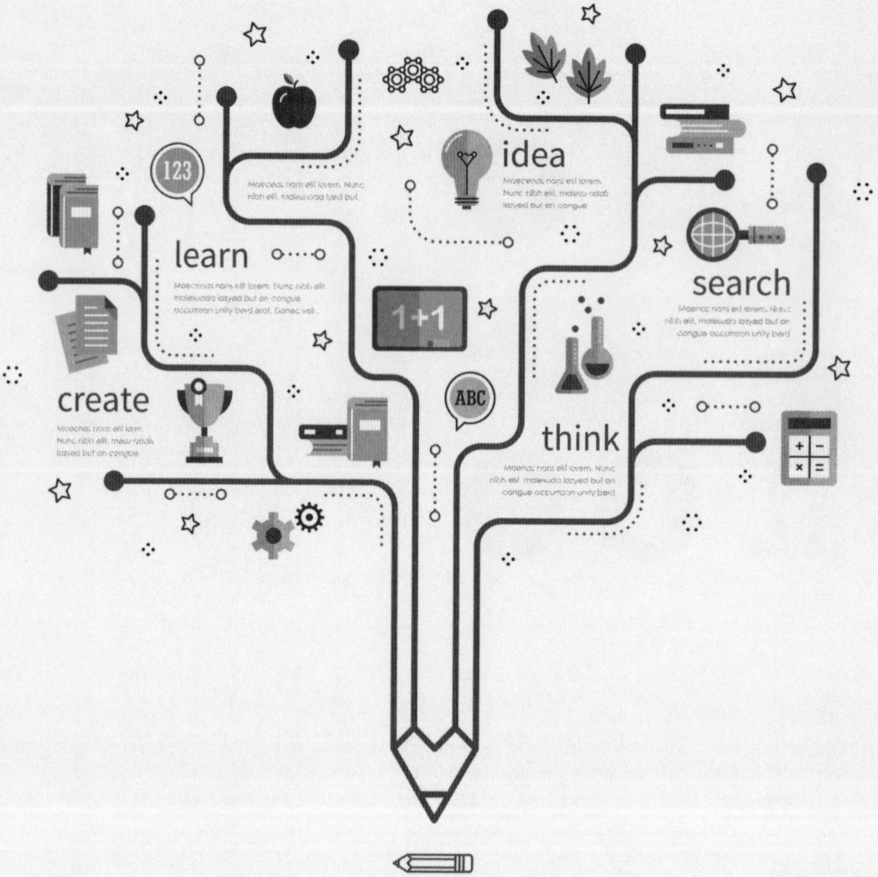

| 本章課題 |

★和孩子聊聊父母的工作

★認識各種職業與工作內容

★帶領孩子認識創業

Part 4

理解工作與收入的關係

收入，天下沒有白吃的午餐

我們都知道「天下沒有白吃的午餐」的道理，若不想讓孩子變成啃老族，你首先要做的是讓孩子認識你的工作，明白父母是如何獲得收入的？

許多孩子不清楚真實世界中的金錢是怎麼運作的？反而單純認為爸媽的手機或信用卡是萬能的，可以購買任何的東西，如此下去，會導致孩子在價值觀或行為上產生偏差。

當父母為孩子建立「完成工作才有收入」的觀念後，父母也必須讓孩子想想看：「身為小朋友，在家裡需要完成的『工作』是什麼？有什麼責任呢？」

LESSON 18

孩子，也需要知道家裡的收入

我生活在比較傳統的家庭，小時候最記得父母跟我說的一句話是：「小孩子有耳無嘴！」指的是大人講話的時候，小朋友只要聽，不要問問題。當然父母也不太讓孩子參與家庭的事務討論，基本上就是以大人的決定為主，包含小孩佩戴的眼鏡、穿的衣服、吃什麼……基本上都是爸媽決定——他們可能不知道我超討厭國中時，他們幫我配的「黑框眼鏡」！這狀況大概持續到我青春期，比較有自己意見才有了些改變。

你會跟孩子說「家裡沒錢」嗎？

從小，爸媽就認為「小孩只要認真讀書、把功課顧好、平安長大」就可以了，那就是我當時在家的責任及義務。自然，作為小孩的我其實並不知道父母在外面上班的狀況，更別說是理解家裡的經濟狀況了。我記得爸媽老是省吃儉用，家裡的玩具也很少，每當我和妹妹要求買東西，爸媽就會說：「我們家沒錢。」當我們羨慕別的同學可以出國時，爸媽會說：「我們家沒錢。」當我們覺得過年紅包很少時，爸媽會說：「我們家沒錢。」這些話聽多了，小時候的我甚至覺得家門口的春聯橫批，是不是該改成「我家沒錢」？久而久之，作為孩子的我們也越來越不敢向父母提出要求。

換個說法，更健康！

當父母說家裡沒錢時，確實是個快速拒絕孩子的方法，但無形中，其實會讓孩子產生自卑感，覺得自己不如人、羨慕同學，甚至可能產生不當的行為偏差。

長大以後，開始理解父母工作及家中經濟時，我發現我們家並不是沒錢，有著雙薪收入，也算是個小康家庭，在當時的環境下只要不亂花錢，也算是好積蓄的年代。不過，我的父母可能不知道如何跟孩子分享金錢的運作方式，收入又是如何產生的……其實，在這樣的情況下，父母只要換個說法，像是「我們家目前沒有這個預算」，會比「我們家沒錢」的方式好很多！

下次，若覺得孩子提出的要求不合適時，別說「家裡沒錢」，請換個說法吧！

分享職場工作，是個跟孩子溝通的好機會

想一想今天工作上有什麼開心、有收穫的事？也請孩子聊聊他在學校有什麼開心的事。父母先開啟話題，再請孩子分享，也談談你在工作上碰到什麼挑戰？如何與他人合作？遇到了什麼難題，又是如何解決的。

我鼓勵每位爸爸媽媽多談談自己工作上有成就感的事情，常用正面思考、正面語言，讓孩子崇拜你，家庭的氣氛肯定能更加和睦。

我自己帶孩子外出經過便利商店時，小朋友常常會期待吃冰淇淋，但我們並不希望養成外出一定有零食可吃的習慣，所以當孩子要求時，我們會回答他：「我們今天沒有這個預算。」久而久之，孩子也能接受、習慣這樣的對話。

所以，不要因為害怕孩子提出無理的要求，就以「家裡沒錢」來回答，而是要好好與孩子分享金錢的使用規則。趁著這個機會，也和孩子談談父母是如何獲得收入的，提早告訴他「有工作才有收入」的硬道理。

有收入，是因為有「解決問題」的能力！

告訴孩子「完成工作才會有收入」的觀念，是很重要的。我們會在課程裡設立「工作站」關卡，讓孩子分組，透過闖關遊戲的方式進行。工作站的老闆就是關主，會對孩子提出要求、檢視細節並要求成果，這樣的情境式教學，會讓孩子們投入在遊戲中，明白工作不是件輕鬆的事情。

這個課程非常重要，我們的重點是要讓孩子「體驗工作的實際狀況」，而這體驗跟其他單位的職業體驗活動有很大的不同。在我們的課程中，關主會嚴格檢視成果，讓孩子認知到工作不是一件輕鬆的事，是有任務及被要求的，當他解決問題、完成任務，才會有相應的收入。除了讓孩子瞭解有工作才會有收入外，也建立他必須完成工作的責任感。

這樣的課程也會讓孩子思考，無論父母從事任何行業或經營事業，能得到報酬，都是因為他有辦法解決問題、完成任務，讓孩子清楚地瞭解「具備解決問題的能力才有價值」。所以，我們和孩子談工作、收入，最終目的其實是養成他的責任感，並建立同理心。

建立「完成工作才有收入」觀念後，父母須讓孩子想想：「身為小朋友，在家裡要完成的『工作』是什麼？有什麼責任呢？」告訴孩子應該建立的責任，像是準時起床、準時出門上學、準時交作業給老師、幫忙照顧弟妹……就是讓他學習負責任的開始。

如何跟孩子分享你的工作

不要輕忽你給孩子工作認知上的錯覺！當你帶著工作疲憊的心情回家時，如果看到孩子們正在吵鬧，你會說「乖一點！爸爸上班很辛苦耶」嗎？這樣的說法與態度，會對孩子造成什麼影響呢？

我的電視機遙控器

還記得國小三年級時，我最喜歡讀半天的週三下午，通常這天我可以看比較久的卡通。我們以前住在舊式公寓的四樓，隔音不太好，上下樓梯的聲音非常清楚。每當我在看卡通時，若聽到腳步聲，總是非常緊張，為什麼呢？因為那是我父親回家的腳步聲。我爸爸在工廠上班，工廠機具的聲音很大，一天下來，疲憊的他回家後只希望家裡一片寧靜。所以回家後，他會直接拿起電視遙控器、關掉電視，結束我的娛樂時間；有幾次還嚴厲地要求我回房間，讓我覺得自己好像做錯什麼事情。

那時的記憶，讓我到現在還無法忘記，我覺得大人工作一定是很痛苦、很有壓力，不然爸爸怎麼會一回家就兇巴巴地關掉我的電視？那是我第一次對大人的工作產生印象。直到出社會工作後，我發現工作上確實有壓力，不過更多的，是工作上的挑戰，還有獲得成就感的樂趣！這都是父母沒與我分享過的。

孩子對於工作的理解，取決於父母使用的語言。我們都希望孩子體會父母的辛勞，但要小心你的話語、態度會對孩子產生負面影響。身為父母的我們，其實只要多花三十秒，跟孩子好好溝通、說明，孩子們一定能學會體貼，也能同理父母的疲累與辛苦。

猶太媽媽的金錢智慧——金錢、職業無貴賤

國外有許多父母讓孩子做家務，或者自己出去打點小工，但在許多台灣父母看起來，可能都怕孩子未來對金錢斤斤計較。但在猶太父母眼裡，這樣的金錢教育絕不僅僅是一種理財教育，更是一種人格、品德教育。

如果看見有人在垃圾箱裡翻找一些空的礦泉水瓶子，孩子們一般都會問，他們找空瓶子做什麼呢？你是不是會這樣回答：「這些人沒有錢，很可憐，找到空瓶子可以去收廢品的地方賣一些錢。」

但如果是猶太媽媽，她會怎麼跟孩子說明呢？她會強調，這個世界上有很多種工作，人們靠這些工作來賺錢，只要自己付出了勞動，並且是透過正當途徑賺到的錢，就沒有貴賤之分，都是一樣的。

跟孩子分享父母工作的步驟

我非常建議父母在環境允許下，帶孩子進入職場，瞭解你真實的工作環境。每個人工作都會產生各種情緒，可能是辛苦、有壓力、有挑戰，當然有開心、有成就感，這些都要讓孩子瞭解。我們必須讓孩子建立一個觀念：「無論工作上開心或難過，都必須把工作完成，才能得到應有的收入報酬。」平時在家，我們也可以多跟孩子分享當天上班的心得。以下是我跟孩子的生活對話，提供父母們作為演練參考。

布萊恩：「寶貝，今天在學校有沒有學到什麼呢？」

孩子：「沒有耶，上課好無聊。」

布萊恩：「你知道嗎？今天爸爸跟一個班級的大哥哥、大姊姊分享理財觀念，他們一開始覺得『我又沒有錢，幹嘛理財』，不過因為我

很用心地教，帶他們進行投資小遊戲，他們發現理財原來是很有趣的，在課後還來問了很多問題呢！」

孩子：「爸爸你好厲害哦！」

布萊恩：「不是爸爸很厲害，你有沒有觀察到，你的老師要帶一整個班的學生，朝夕相處，不只是陪伴你們，還要教你們知識，是不是花了很多心思呢？」

孩子：「對耶！像今天英文老師為了要教我們單字，準備了很多道具；為了加深我們的印象，還放了相關音樂讓我們學習，他真的好用心哦。」

布萊恩：「對啊，你的老師跟爸爸一樣，都要負責把學生教會，這是我們的責任，也是我們應該做的事。當然，我們的付出也會得到薪水；若是把事情做得更好，也可能有加薪的機會。」

孩子：「好的，我知道了！」

FQ教養重點

1. 不要跟孩子說「我們家沒有錢」，請換個方式：「我們家目前沒有這個預算。」這樣的說法更健康！
2. 多和孩子對話，分享自己的工作。
3. 使用正向思考與語言，談談工作上有成就感的事情，讓家庭的氣氛更和睦。

！不要和孩子這麼說！五大 NG 金錢對話

- 「爸爸媽媽工作很累，賺錢很辛苦。」
  →讓孩子感受到上班的負面情緒，對未來工作感到不安。
- 一直告訴孩子「要存錢、存錢、存錢」，卻沒教他怎麼花。
  →花錢也是一種練習，有練習的孩子，長大後比較能夠控制金錢。
- 「你應該把錢放在綠色小豬公，不要放在紅色小豬公裡。」
  →教存錢時，父母是孩子的金錢教練，要扮演好引導的角色，但不要過分地干預。
- 「你只要玩跟學習就可以了，家事不用你做，把學校的事情顧好就好了。」
  →孩子會失去做家事的機會，也無法體會父母的辛勞。
- 「你做完這件家事，我就給你一百元。」
  →會讓孩子認為家務不是自己應該要承擔的責任。

Kid's 小學堂

家庭翹翹板

小朋友，在你家裡有誰在工作呢？大家有沒有發現每種工作都需要知道很多知識及能力？還要付出時間和體力。你們覺得工作容不容易呢？賺錢的人辛不辛苦呢？

- 請大家算一下，家裡會用到錢的總共有幾個人？
- 請問家裡有幾個人在工作賺錢？
- 家裡是賺錢的人多還是花錢的人多？
- 賺錢的人辛不辛苦？工作的人自己夠用就好嗎？是不是還要供應家人？
- 你知道爸爸媽媽的工作是屬於哪一類型的嗎？工作有哪些辛苦的地方？

COLUMN

我們來畫一個家庭翹翹板，家裡的每一個人都要坐在上面，取得平衡，如果沒有平衡，家庭就可能會垮掉。我們把付出、賺錢的人放在一端，享受成果、花錢的人放在一端，這個翹翹板的重量，來自於家裡每個人的付出。如果這個家裡，只有爸爸在付出，其他人都在享受成果，這個家裡就不會平衡。比如說，媽媽也許沒有出去上班，但是她有把家裡維持乾淨，煮飯給大家吃，所以媽媽在「付出」這裡就增加了重量。那小朋友呢？雖然你現在還很小，暫時無法出去賺錢，但如果你在家裡只享受別人的付出，也會讓翹翹板不平衡！

我們一定要記得，家裡的每個人，都有享受家庭帶來的福利，也要分擔家庭的責任。想想看，我們能上學去學東西、吃好吃的食物、用電燈照明、洗澡、睡舒服的床，有時候還可以出去旅行……這些都是我們享受的家庭福利。那身為小朋友，你覺得可以付出什麼呢？

首先，大家要盡到自己的本分，爸爸媽媽在外面認真努力地工作，大多數時候，媽媽更是辛苦，回家後還要維持家裡的秩序。所以，小朋友要負責自己努力顧好學校的事情。再來，既然大家都是家庭的一份子，那家裡的事情也必須相互分擔，這才是一家人哦！

家裡的事很多，小朋友可以幫忙擦地板、打掃廁所、整理餐桌、洗碗、倒垃圾、晾曬衣服等。而且，做家務的好處有很多呢！不但可以讓家裡變得更舒服，更有秩序，也可以訓練你做事更有邏輯，培養責任感！

當你為這個家有所付出時，其實你的感覺會變得更好，因為你不只是在享受，也在為家庭貢獻，因此，你在家庭翹翹板上的重量就增加了——你分擔了家裡的責任，爸爸、媽媽也感受到你打理環境後，家裡舒服的感覺，因此他們也享受了在這個家裡的福利。每個人都有付出、有享受，家庭的氣氛就會十分和諧。所以今天的小任務，要請你當小小記者，訪問你們家裡有在工作的人，瞭解一下他們工作的內容，哪裡有趣，哪裡辛苦？他們之前又是做了什麼努力才可以擁有現在這份工作，他們為什麼可以在翹翹板的這一端？

COLUMN

接下來，你可以和爸爸媽媽一起，畫出一幅專屬於你們的家庭翹翹板圖囉。當你下次看到想買的東西，先別急著叫爸爸媽媽買東西給你。先想想看，你為了這個家付出了什麼？又可以付出些什麼，維持翹翹板的平衡？

LESSON 19

孩子需要認識的工作收入形式

你是否帶孩子參加過商家為孩子舉辦的小小體驗活動？像是小小餐廳服務生、小小便利商店員、小小藥師、小小消防隊員、小小記者或主播……？這些活動會讓孩子穿上適合的制服，讓孩子身歷其境認識、體驗這個工作需要注意的事項，也引發了孩子探索職業的興趣，當然對於店家來說，打卡上傳FB、IG，更是讓店家獲得了免費的宣傳。

在參加這些活動後，若是能帶領孩子瞭解「工作的形式」，更可以加乘體驗效果！讓我們用以下的親子實作，建立孩子對體力性、知識性、專業性及創意性收入的認知。

透過職業卡，也帶孩子認識工作的不同形式，瞭解其必備的條件吧！

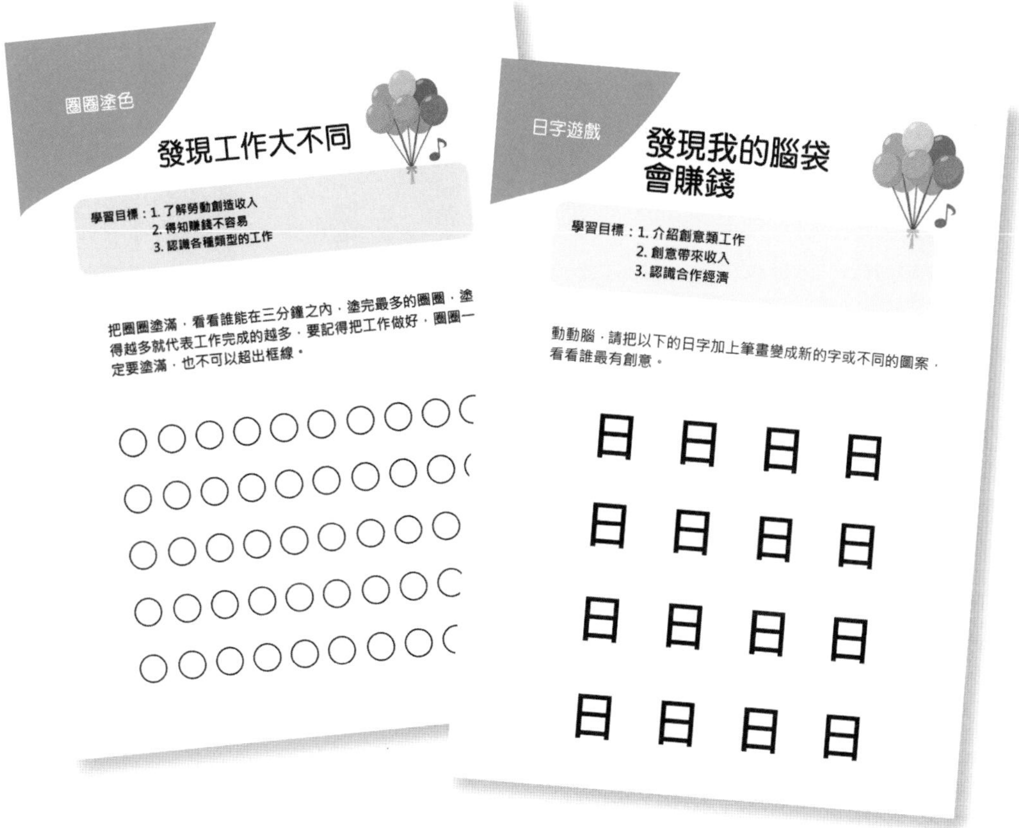

圈圈塗色

發現工作大不同

學習目標：1. 了解勞動創造收入
2. 得知賺錢不容易
3. 認識各種類型的工作

把圈圈塗滿，看看誰能在三分鐘之內，塗完最多的圈圈，塗
得越多就代表工作完成的越多，要記得把工作做好，圈圈一
定要塗滿，也不可以超出框線。

日字遊戲

發現我的腦袋會賺錢

學習目標：1. 介紹創意類工作
2. 創意帶來收入
3. 認識合作經濟

動動腦，請把以下的日字加上筆畫變成新的字或不同的圖案，看看誰最有創意。

親子不出門，在家玩工作

在家覺得無聊嗎？用一些小遊戲，和孩子一起從生活中認識大道理！

遊戲一：圈圈塗色，發現工作大不同

你有想過怎麼和孩子討論做事情的態度嗎？其實，用一個小遊戲，就能教孩子注意工作需要專注力、認真與謹慎的態度！

單元目的：瞭解勞動才能創造收入的道理，且明白工作不僅要完成，也要完善。

活動人數：最好有二至三位小朋友一同進行。

用具準備：圈圈塗色紙（P.275，可依人數複印使用）

活動內容

1. 給小朋友們五分鐘，請他們用鉛筆將附件上的圈圈塗色，不能超出外緣界線，需要塗成實心的圓，塗的圈圈數越多，就能得到越高分（請父母自訂獎勵）。

COLUMN

2 時間到了之後，計算孩子「塗滿而且沒有塗出範圍」的圈圈數。

3 依達成數量給孩子獎勵。

提問反思

Q 在塗圈圈的時候，你們會不會想著要趕快塗，塗很多圈圈？

Q 為什麼想要塗很多圈圈？

Q 有沒有不小心把圈圈塗出界線？

Q 請問最後得到獎勵的小朋友是塗最多圈圈的嗎？還是塗「合格」圈圈最多的呢？

Q 要怎麼樣才能塗出合格不超線的圈圈？是不是要小心、謹慎？

Q 這個讓大家塗圈圈賺錢的工作，你覺得跟大人在做的真實工作，有什麼相同的地方嗎？是不是都需要花時間？塗得越多就賺得越多嗎？要怎麼做才能真的賺到錢？

結語

工作就是用時間、能力換取金錢，就像剛才塗圈圈的時候，我們需要認真、專心、謹慎，塗出合格的圈圈，這就是一種能力。畫圈圈時要認真努力，才能得到獎勵報酬；真實世界的工作也是這樣，如果工作不認真，有可能領不到薪水，甚至失去工作。所以若是想要賺錢，就必須付出時間努力，還要有認真不隨便的態度。

遊戲二：職業大猜謎

為什麼社會上要有這麼多不同的工作？那是因為我們沒辦法自己蓋房子、種稻米種菜種水果、縫製衣服……人類需要互助合作才能生存，一個人無法做所有的事，所以需要各行各業的專業人士，互相幫助！

單元目的：讓孩子認識工作需要的知識和能力，瞭解自己的特質和興趣，有助於未來選擇適合自己的工作。

用具準備：職業卡（P.277～281，請裁下使用）、職業對應條件表（P.281）

活動內容

初階版

父母唸出職業卡上的敘述，最快舉手猜對的小朋友可以獲得積分或獎勵，父母稍微說明這些職業敘述，幫助小朋友們認識職業及瞭解各行各業的重要性。

進階版

1. 把職業卡平分給每個小朋友（若人數足夠，可二人一組互相討論），小朋友要想想

COLUMN

看卡上的職業，需要具備的能力有什麼？需要付出什麼樣的努力？

2. 父母唸到哪個職業，就由手上有那張職業卡的小朋友報告自己的分析。等小朋友報告完，請小朋友看看P.281的職業對應條件，勾選看看，也可請其他小朋友補充沒講到的。父母簡單說明該職業需要的學歷與其他條件，讓小朋友們知道必須付出努力學習，讓自己預備那個工作的知識和能力，學歷就是其中之一。

3. 父母可將職業卡貼在白板上，請小朋友討論猜猜看這些職業的收入高低。這裡先簡單歸納，基本上，收入高低與工作知識、能力需要預備的時間和複雜程度多少有關，例如當外科醫生要唸醫學系七年。

結語

只要是正當的職業，每個職業都很重要！那孩子們長大以後要做什麼工作？該怎麼決定呢？所以，要瞭解工作的性質、需要具備的知識能力，瞭解自己的興趣和適合什麼工作，而且努力認真地學習！

遊戲三：日字遊戲，發現我的腦袋會賺錢

有些工作的性質需要付出比較多的體力和勞動，像是作業員、木工、警察等等，也有一些類型的工作，工作時身體不需要一直勞動，但是需要很有創意，要想創新、不一樣、特別的東西。和孩子一起玩玩這個遊戲，試試我們可以想到多少新東西！

- 單元目的：四人以上，二人一組
- 單元目的：介紹創意類型的工作、理解創意可以帶來收入、認識合作經濟。
- 用具準備：日字紙（請見 P.276）
- 活動內容

用「日」這個字發揮創意，可以寫成哪些其他的字或是一個圖案，想得越多，得到的積分就越多。

1. 請小朋友先用兩分鐘時間在本子上，畫出或寫出日字的創意聯想。
2. 兩分鐘時間到，發給各組一張日字紙，給每組三分鐘討論，在日字紙上畫出和寫出新的聯想。
3. 每組輪流發表，報告完，每組都能拿到獎勵。

COLUMN

提問反思

Q 剛才小組討論的時候，覺得想這些困難嗎？

Q 你喜歡哪一類型的工作？創意型、勞動型（以付出體力為主）還是知識型？為什麼？

Q 雖然分這三型，但是你覺得有沒有哪一型完全不會用到體力？哪一型完全不需要任何知識？哪一型完全不需要創意？

剛才大家做的就是發揮創意，不管你覺得難不難，其實都可以想得出來，在這麼短的時間內就能想出這些，如果再給多一點時間，一定能想出更多。所以有沒有發現我們每一個人都有什麼？那就是創意！創意就在我們的腦袋裡，只要用心想，就能想出新東西！

結語

每一種工作都需要花時間、付出體力、有相關的知識，工作遇到問題時，也需要發揮創意想出解決辦法。所以三類型的工作其實都需要知識、體力、創意，只是哪一種佔的比例比較高。無論孩子現在覺得自己會喜歡的工作類型是什麼，這些都有可能隨著他越來越認識自己、發現自己的興趣和特質，或者認識更多的職業而改變。透過這個過程，孩子會越來越清楚自己適合什麼職業，但是不要忘記，每種工作都需要付出體力勞動、要發揮創意、要有專業的知識，這些都要學習，所以無論以後要做什麼工作，能不能把未來的工作做好，都跟孩子現在的學習有很大的關係。

LESSON 20

跟孩子談談創業吧

跟孩子談談創業這件事吧！創業也是獲取收入的一種形式，在這個「雙創」——大眾創業、萬眾創新——的年代，孩子可以發揮的機會更多、更快！就像十年前沒聽過YouTuber這個職業，現在已經成為許多孩子的夢想，未來的十年會有更多的職業被創造，更多職業被取代，所以我們必須讓孩子關注創新及思辨能力，這才是未來不會被機器人取代的能力。

創業家精神：解決問題 & 提供價值

創業的最終目的在於「解決問題，提供價值」，所以在教育孩子創業前，父母需要先突破迷思——創業不代表一定富有，也不代表社會地位不同。先讓孩子瞭解到「創業家精神」，讓孩子知道，創業者思考事情的方式，其實是跟別人不太一樣的。當初臉書創辦人馬克．祖克柏（Mark Zuckerberg）想要發展大學生間的社交平台，讓大家更容易認識交流，讓社群活動更加頻繁，沒想到這個商業模式如今具規模化，帶來極大的影響力。許多創業者們通常是從想為更多人服務、提供更棒的解決之道而起步的。

不過，孩子真的需要學創業嗎？我的答案是「不一定」，不是每個人都適合創業。創業意味著必須拋棄一些原本熟悉的工作，去冒險得到一些你預期的事，它的有趣在於未知，風險當然也在於未知。

在兒童財商的基礎教學裡，我們談了很多對金錢的正確態度、處理金錢的能力、提升孩子價值觀、包含了與他人合作能力的提升等方面的努力。在這些過程中，孩子也學會了比錢還重要的事，能辨別自己的資產、負債，重視時間分配……等等。其實，這些元素在孩子未來做開創性事業時，都是十分寶貴的能力，如果有一天孩子想創業或開個店，父母可用以下這些步驟加以協助。

我有好點子！小小創業家的微型創業課

我們在營隊當中，會讓孩子學習關於創業的細節，藉此讓孩子瞭解一個生意或事業是如何運作的，雖然是模擬性質，但是很真實。

在課程中，我們會準備了許多全白色Ｔ恤，要求孩子設計出「大學生最喜歡的運動服」。我們會在教室內先讓孩子分組，進行溝通討論及工作的分配——接著重頭戲來了！我們會讓孩子在助理老師的協同下，實際進入大學校園，直接找大學生進行市場調查，透過提問，具體蒐集大學生們的意見與期望。

孩子會問接受市調者：「請問當你去運動時，會希望穿的衣服是什麼款式、顏色呢？有沒有希望具備什麼功能呢？」在這樣的活動裡，你會聽到各式各樣你想像不到的答案，有人會說希望能排汗、透氣、剪裁上能顯瘦、保暖、有放置手機的地方……

這些從市場上蒐集到的資訊，我們稱為「商業機密」，也是顧客的需求所在。這個時候，我們會特別告訴孩子：「你不會去賣一件大家不需要的東西，所以，掌握客戶的需求就是掌握市場的先機。而且你必須要有解決問題的能力，看看是不是能提出好的解決方案。」

$20
剪刀×1
雙面膠×1
白膠×1
吸管×3
小毛球×5
冰棒棍×5
營收
收入
210
150
190
200

布萊恩老師的創業小學堂

練習成為小小創業家的六個關鍵步驟：

1. 選擇你感到熱情的產品，或想解決的問題。
2. 取一個有意思的店名，讓客戶對你的商品有印象，能夠記得住。
3. 進行市場調查，知道商品要賣給誰？
4. 為你的商品定價，是高單價還是低單價？
5. 擁抱團隊，分工合作。人才是企業經營最大的核心，找對人更能做對事。
6. 強而有力的表達及宣傳，讓好產品、好想法搭配銷售，製作醒目的宣傳設計或是標語文案，都可以加強客戶的視覺與記憶。

當孩子把市調結果帶回教室，這時就是各隊發揮分工合作能力的時候！具有領導力的孩子通常會想要掌握設計的進行，不過我們會盡可能地讓每個孩子都有所發揮，所以助教老師會適時介入，協助分配，讓有些人設計草圖，有些人採買材料、計畫預算，還有一些夥伴需要做展演銷售練習。

最後的壓軸是「產品發表會」，我們會讓孩子上台發表設計理念、款式、用途，有些團隊甚至設計了自身的品牌！讓投票者知道，他們是獨一無二的。藉此讓孩子明白，即使有好的產品，也需要一場好的演說，如何介紹也是重要的一環。最後，我們會讓大學生實際投票，獲取最高票數者，即可獲得團隊最高積分。

整個流程大致上會用到一整天的時間，讓孩子理解創業的過程。透過巧思及創意，發揮團隊集體合作，能將一份平凡無奇的物品創作為販售的商品。當中需要學會分配工作、市場調查、設計出產、最後還透過行銷推廣、銷售產品，每個細節都馬虎不得！創業能讓孩子快速建立邏輯思考，並學習處世待人的道理——這件事跟「財務智商」一樣，學校都沒有教。在日新月異的時代中，教育如沒能與時俱進，孩子要成功的成本是越來越高。提供這個觀念讓父母思考，重視金錢教育的下一步，也可以是創業教育。

FQ 教養重點

1. 現在是雙創年代，孩子可以發揮的機會更多、更快！
2. 讓孩子關注創新及思辨能力，這是未來不會被機器人取代的能力。
3. 創業的有趣在於未知，風險當然也在於未知。

園遊會的創業練習

其實創業教育離我們並不遠！當學校或社區舉辦類似「園遊會擺攤」的活動時，父母親別覺得麻煩，運用創業六步驟，放手讓孩子籌畫，就能在生活中上演一場真實的微型創業秀！

活動內容

1. 園遊會中大部分是賣吃的、用的或玩的，與孩子討論希望賣什麼東西，或提供何種服務？
2. 取店名很重要，這是客人對一家店的第一印象。此外，工作人員的穿著上也可以有巧思，大家穿戴同樣顏色的帽子或同色系的衣服，都可以拉高識別度。
3. 進行市場調查，找出服務的差異化。像是園遊會當中賣貢丸湯，客人希望買了貢丸湯還可以獲得什麼？好比說買一碗送一顆氣球？
4. 定位你的商品價格，在整個園遊會中是高單價還是低單價？參與園遊會的人會花多少預算在你的項目呢？進行相關的評估。

COLUMN

5. 不用自己包下所有的事項！確認好店名及要賣的東西與服務，父母可以協助找到相關的供應商或對象。

6. 進行宣傳跟行銷。讓孩子思考如何在整個園遊會中，讓別人記住自己的攤位，也讓別人願意分享攤位訊息與產品。

小小創業家必備的 10 大能力

1. 資源整合的能力
2. 與他人協作的溝通能力
3. 系統組織的能力
4. 接納不同意見的能力
5. 看懂問題的能力
6. 問對問題的能力
7. 回答問題的能力
8. 解決問題的能力
9. 行銷自己，讓別人認識、喜歡自己的能力
10. 行銷產品，讓別人喜歡產品的能力

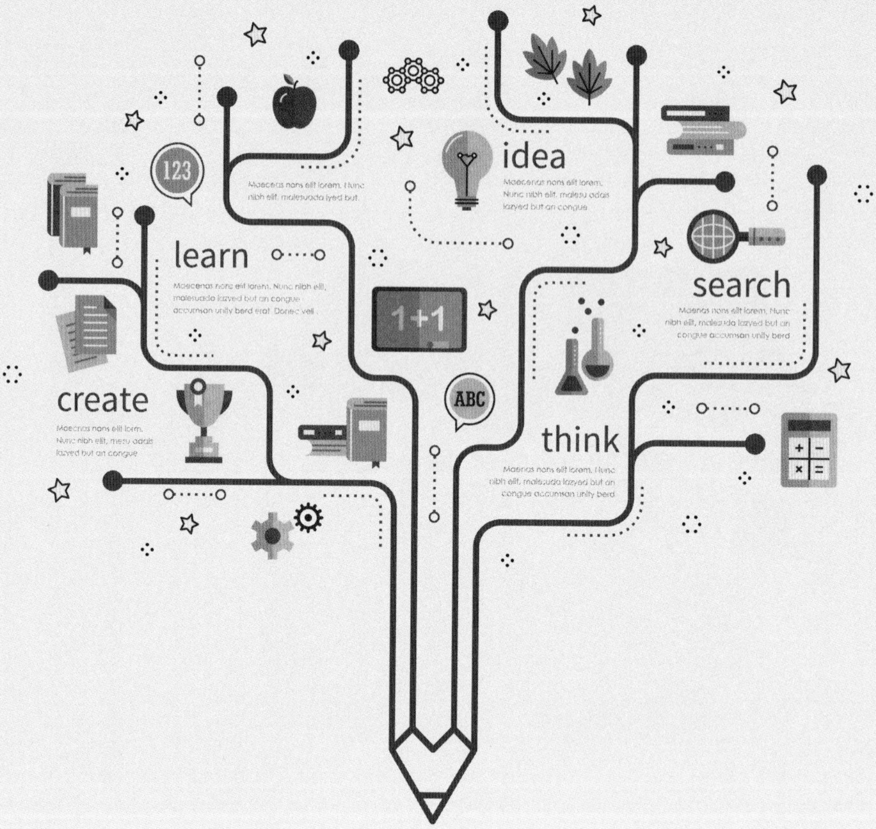

本章課題

★分享的多元方式與可能

★擁有解決問題的能力

★認識兒童財商三帳戶的黃金分配比例

Part 5

學會分享，讓世界更美好

捐贈，幫助他人的寶貴能力

金錢是一個認知的過程，也是用錢習慣的養成。現在的孩子其實大多過得很幸福，生活物質上不至匱乏，父母親在各方面都盡量滿足孩子——不過，「千金難買少年貧」，盡早給孩子體會「資源缺乏感」是很重要的！就像創業家一樣要學會如何從無到有，孩子能體會到付出的快樂，也學習到幫助他人的幸福感，往往是比錢還重要的事。

“LESSON 21”

做好事，能分享，存幸福

當你的孩子已經擁有儲蓄跟消費的戶頭，相互運用一段時間後，非常恭喜你已經完成了財商的基本訓練了！很高興來到了這個單元，在這裡我們將告訴你與孩子，如何存下幸福，學會分享。

許多父母都對「孩子需要捐贈（Donate）嗎」存有疑問。確實，孩子的擁有與收入來源，大部分都來自父母，他們真的會明白捐贈、分享這個概念嗎？

捐贈，是兒童財商五大核心中重要的一環，這個良好的觀念起源於基督教文化中的「十一奉獻」，不過普遍的東方父母可能難以第一時間接受這個觀念。我們認為，孩子在學習分享或是捐贈的概念，應該要從學習基礎的觀念開始。

接下來我會與你分享，如何從捐贈的觀念讓孩子培養有同理心及解決問題的能力，還有認識「什麼是比金錢更重要的事」，建立完整的捐贈理念與能力。

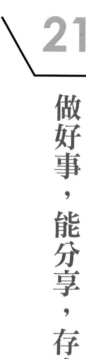

流浪狗之家的抉擇

透過以下的例子，父母可以瞭解到，取、捨之間都是智慧。

想像一下，孩子已經開始執行兩個戶頭一段時間，你也跟孩子設定好，儲蓄目標是明年暑假全家要去東京迪士尼玩三天，學生門票是新台幣五千元。孩子滿心期待暑假來臨，綠色小豬公也日積月累、接近目標了，孩子看著撲滿裡的金額一天天變多，心情越來越開心。

有一天，孩子放學時經過天橋，天橋上有個攤位，有幾隻看上去有點可憐的小狗，他們都被主人棄養，暫時被收容在流浪狗之家。有些狗狗的狀況似乎不太好，不僅毛髮脫落，有些還有身體上的殘缺，看到人的眼神甚至流露出恐懼……這時，孩子的憐憫之心油然而生，想起自己在撲滿裡存了快五千元，他心想：「雖然這筆錢原本是要去迪士尼玩的門票，但是這些狗狗看起來比我還需要這些錢！」他決定捨棄原本玩樂的目標，跟你提出要把儲蓄全部捐給流浪狗之家的想法。

這時候，你要如何處理？如何跟孩子溝通？

建議你先別急著往下看，闔上書，用幾秒鐘想想看你會怎麼做？要不要捐？——當然，這個假設是在捐助合法對象的情況下。你的想法可能是以下幾種狀況：

- 捐：捐啊，當然捐！難得孩子有這樣的同理心，我實在太開心了，孩子長大了。
- 捐一半：捐全部好像太多了，孩子存了那麼久，還是留一點吧。
- 不捐：開什麼玩笑！好不容易存到的錢，怎麼可以花在幫助動物身上？要是孩子捐了，到頭來出去玩還不是我要付錢，萬萬不可！隨便找個理由拒絕他吧。

捐錢，就會解決所有的問題嗎？

親愛的父母，身為父母的我們可能很難作答這一題，對嗎？還記得老師之前提過的，你就是孩子的金錢教練，應該協助孩子準時完成目標。所以，培養他完成儲蓄目標的習慣，我們也應該協助並監督他完成——如果，孩子捐了原本儲蓄目標的錢給流浪狗之家，不就是破壞了這個約定跟金錢規則嗎？但是，如果連一塊錢都不捐，那豈不是太不合乎人情，否定了孩子的同情心？是不是也顯得我們太鐵石心腸了？而且，難道培養孩子學習財務智商，是要讓孩子成為鐵公雞嗎？

其實，你可能走進了我的圈套，被我的問題所囿限了！難道，我們只能跟孩子談論捐多少錢嗎？對於流浪狗之家而言，他們只需要接受錢的幫助嗎？擁有這些金錢之後，就可以解決所有的問題嗎？

也許，我們可以換個角度思考這個問題，試著跟孩子討論看看，為什麼會有流浪狗的狀況？其原因是不是因為棄養，或是狗狗沒有結紮的問題？

基本上，市場經濟是「有需求，就有供給」，以這個角度來看，流浪狗現象是有「製造商」跟社會結構問題的。目前有許多非法繁殖場提供各式配種，雖然政府有法律可管，但是舉檢者必須自行蒐集舉證，而且就算被捉到了，也是輕罰；加上人類無責任心地棄養與放養，讓毛小孩不斷生育（無論是流浪狗或是家犬），撲殺的速度永遠趕不上生育的速度。

父母應該明白，當孩子願意與他人分享或捐贈，這件事本身並沒有問題。可是，我們是不是已經被形塑成當災害發生時，我們都關注在「是不是有人需要負責任」、「哪位名人捐了多少錢」，而忽略了事情發生的本質問題？要知道，孩子擁有最少的就是金錢，上述例子中的五千元就是孩子所有的錢，若是全部捐出去，對孩子來說這就是「裸捐」。請問各位父母，你會裸捐給流浪狗之家嗎？若是我們自己不會，也不應該如此這樣教育孩子。

分享從養成「同理心」開始

其實你可以陪著孩子探討，也讓孩子培養解決問題的能力！有許多網站都有提供相關的資訊，我們可以查詢後，帶著孩子當志工，協助專業團隊把醫療資源送至偏鄉，政府有提供免費的三合一（植入晶片、絕育、注射狂犬病疫苗）醫療服務，幫助有心共同解決流浪犬貓問題的民眾，克服金錢、交通、時間上的困難一起協助。如果能深入瞭解問題的本質，會比直接捐助五千元更具教育性質，也讓孩子明白——幫助別人不只是金錢上的捐贈，也可以化成實際的參與作為。

我們談了很多關於金錢的觀念，也談了很多金錢的功能，孩子除了需要瞭解相關的知識外，他更要瞭解的是，有許多事情不完全是金錢可以解決的。這時，父母就應該給孩子一個分享帳戶了。

FQ 教養重點

1. 分享，是很棒的能力與財商觀念！
2. 養成孩子的同理心，比單純的捐錢更重要！
3. 讓孩子知道，錢不能解決所有的事情，還有更多可以做的。

LESSON 22

分享快樂的儲蓄罐——橘色小豬公

現在，孩子已經擁有儲蓄、消費的帳戶，當他已經理解先存後花的觀念，也操作得駕輕就熟了以後，建議你開始跟他溝通，如何透過自己的計畫去幫助更多需要的人，也就是多設置一個「分享帳戶」。

這個分享帳戶通常建議佔整體零用錢的百分之十，但可不是從儲蓄中分出來，而是從消費帳戶提撥出來的。為什麼呢？消費的戶頭是讓孩子用來零花的，他可以購買他想要的東西，如果他能犧牲一些自己的享受，把一部分的零用錢拿來幫助、提供給所需要的單位或人，這就是分享帳戶最大的意義。分享帳戶最大的核心精神，就是讓孩子提早知道自己有給予他人的能力，如果幫忙別人是用父母親的能力、用父母親的資源，其實孩子不容易得到成就感，也無法看見自己的價值。

兒童財商三帳戶的黃金分配比例

所以，讓孩子有第三個帳戶吧！我們建議孩子零用錢的分配比例是：儲蓄百分之五十、消費百分之四十、分享百分之十。前述舉例的流浪狗之家，就可以從這個分享帳戶去支付。

孩子的三個小豬公

擁有三個小豬公，不僅可以完成孩子的儲蓄目標，平常生活也能花費，更棒的是也幫助別人，希望我們的孩子因為擁有金錢而擁有更多的快樂！讓孩子的每一分錢都發揮最大的價值，他也一定能從每一次的零用錢分配，成為一個有紀律、能計畫的孩子。

FQ教養重點

1. 讓孩子擁有分享帳戶，建立助人計畫。
2. 分享帳戶的金額，是從消費帳戶預算中提撥出來的。
3. FQ三帳戶的黃金分配比例：儲蓄帳戶五十％、消費帳戶四十％、分享帳戶十％。

Kid's 小學堂

不快樂的富翁

有一個富翁非常有錢，他什麼都有，可是他卻一點都不快樂。他把所有的錢、珠寶都裝進一個大袋子裡，他決定：只要有誰能夠讓他快樂，他就把這個袋子送給那個人。

富翁找了很久、問了又問，直到抵達一個村子。聽了富翁的煩惱，有個村民說：「你應該去見見大師，如果他沒有辦法讓你找到快樂，就沒有人能幫你了。」

富人非常激動，他急忙跑去找了這位大師，說：「我來找你就是為了這個目的，我這一生所賺來的財富都在這個袋子裡，如果你可以讓我找到快樂，我就把這個袋子都送給你。」

大師沉默了一會兒，突然間他從富翁的手裡抓了袋子就跑，富翁一急，又哭又喊地追上去，不過因為在當地人生地不熟，沒一會兒就追丟了。他簡直快氣瘋了，哭喊著：「天啊，我這一生的財富都被搶走了，我現在什麼都沒有了！」

他哭得死去活來，沒想到大師最後竟然跑了回來，把袋子放在他的旁邊，富翁見到了失而復得的袋子，終於破涕為笑：「啊啊，太好了，真是太好了……」

COLUMN

這時大師來到他的面前：「你現在覺得如何？覺得快樂嗎？」

富翁回答：「我真是快樂極了。」

提問反思：

這是不是一個很好笑的故事呢？其實，富人擁有的東西是一樣的，但他在擁有時並不滿足，等到失去了才知道要珍惜。確實，有些事情是金錢買不到的，就像快樂。你有沒有發現，有時候我們的快樂不是來自我們擁有多少，而是我們能不能對自己所擁有的感到滿足。

布萊恩：「小朋友，老師教了你不少關於金錢的事情，但是今天要來跟你討論，有沒有什麼事情是很重要的，而且是錢買不到的呢？」

阿財：「我來想想，健康很重要，但是又無法用錢買到，對嗎？」

布萊恩：「沒錯。」

阿財：「還有時間，時間過了就沒有了，用錢也買不到。」

布萊恩：「對。」

阿財：「還有家人！」

布萊恩：「對啊，如果沒有幸福的家庭，賺再多的錢有什麼意義呢？」

阿財：「還有知識，我們一定要自己好好學習，無法用錢買到！」

布萊恩：「所以你發現了，還有好多好多比錢更重要的事，對吧！」

結語

越是仔細去想，你就會發現我們的孩子其實擁有的很多。我們不能否認，錢是很重要的，因為它可以讓我們過生活，不會餓肚子，但我們教育孩子千萬不能只追求金錢，忘記其他更重要的事！因為我們擁有錢，就是為了過更幸福的生活，如果因為追求金錢而永遠感到不滿足、不快樂，那就失去初衷了。

COLUMN

布萊恩老師的創業小學堂

親愛的父母們，不要忘記了，我們的孩子擁有很多良善特質，這些特質是可以分享的！比如說看到同學跌倒受傷了，孩子是否會釋出關心的善意，扶他起來，安慰他呢？有人需要幫助時，孩子會挺身而出來幫忙嗎？孩子會分擔家人的辛勞嗎？有沒有主動去關心家人？

我們希望孩子都能成為一個能做好事、存幸福、懂分享的好孩子。相信我，有好的情商，才有好的財商，不管你有沒有錢，每個孩子都可以分享他的時間、勞力、才華及他的關心與善意。

請引導孩子一起反思，哪些東西是無法用金錢買到的？像是關係一友誼、親情、家人的愛，或是無形的時間……能不能想出十個？

也建議父母開始跟孩子一起，準備一個分享帳戶吧！你們可以一起討論幫助捐贈的對象，還有可以實際參與的行動是什麼？

LESSON 23

有理財力，更要有解決問題的能力

有一道曾經出現在國小二年級期末考的考題，當時被許多父母抗議。題目問，「小草、桃樹、種子，這三種植物哪個會成長？」答案是「小草」。為什麼？當時老師的解釋是，因為桃樹會開花、種子會發芽，所以小草會成長……天啊，難道桃樹跟種子都不會成長嗎？

這類的填鴨式教育已經過時了！一個問題只有一種答案的教學方法，或許可以應付考試，但應付不了人生的多重題型。素養課程已被納入一〇八最新課綱，用意在於培養孩子在學科外的思辨能力，還有解決問題的能力。

在這裡，我們從「非洲蚊帳大使凱薩琳」的故事一起來聊聊，身為父母如何帶領孩子進行正確捐贈的觀念。

非洲蚊帳大使凱薩琳

從事教育事業，我有個核心的理念：「不要輕忽孩子的創意，以及對於事物的好奇心！身為教育者，應該更有耐心地去引導孩子，往往我們收到的回饋是超乎想像的！」以下的故事，可以給身為父母的我們一些啟發。

二〇〇八年九月，美國各大電視台、報紙與網路平台，刊登了一個七歲女孩的照片，這個叫凱瑟琳（Katherine Commale）的小女孩引起了美國、甚至是整個世界的轟動——她用一個平常人的力量籌集超過六萬美元的善款，拯救了數萬個小生命，成了一名為非洲兒童募捐蚊帳的「愛心戰士」。

凱瑟琳決定投入拯救非洲瘧疾行動時才五歲。有天早上，凱瑟琳的媽媽琳達（Lynda）在餐桌上分享，她從電視得知，非洲每三十秒就有一名孩童因瘧疾死亡。聽到媽媽這麼說，凱瑟琳默默地用手指數到三十，然後悲傷地抬頭：「所以，現在在非洲，有一個小孩死掉了嗎？」

凱瑟琳想幫助這些因瘧疾受苦的非洲小孩，她後來知道，使用蚊帳可阻擋蚊子的侵襲，即可有效預防瘧疾——而一個蚊帳僅要價十美金（新台幣三百元），於是她提出「買蚊帳送到非洲拯救當地兒童」的想法。母女倆查詢後發現，可以透過捐款給「蚊帳基金會」（nothingbutnet），讓他們製作蚊帳、幫助非洲兒童。

因此，凱瑟琳一家開始到教會演講，向教友募款，凱瑟琳與大家宣傳瘧疾的嚴重性，她的弟弟喬瑟夫（Joseph）則扮演蚊子演出行動劇，讓不使用蚊帳的美國賓州人理解，蚊帳確實是扭轉瘧疾的關鍵——那次他們募得了一千五百美元。接下來，他們前往附近其他教會，不停歇地繼續演講與募款。其後，「蚊帳基金會」聽了五歲凱瑟琳堅定的心願後大受感動，邀請他們擔任基金會發言人；而《紐約時報》也在頭版報導凱瑟琳的故事，引發無數人參與這個充滿善意的活動。

別小看一個孩子的起心動念，他的能力往往超乎我們的想像！如今，非洲兒童因瘧疾而死亡的頻率，已從每三十秒一人，減少到每一百二十秒一人。凱瑟琳今年已經十九歲，她在二〇一八年曾到訪台灣，真誠地說：「這是擔任蚊帳大使的整個過程中，最令我感動的一件事。」

（資料來源：〈「世界會因你而改變」蚊帳大使凱瑟琳〉，《今周刊》、〈非洲蚊帳大使凱瑟琳〉，金車文教基金會）

你要給孩子教育還是教訓？

凱薩琳的故事，完整表達了我們想在這個單元分享的意涵。對於一個五歲的孩子來說，她可能傾盡所有也買不了一頂蚊帳，但她卻不氣餒，分享了更為重要的「影響力」。這孩子先影響了家人（媽媽跟弟弟），再影響一個社區，甚至到一個城市、國家乃至於世界上更多的人，開始關注非洲瘧疾造成兒童死亡的問題——當然也包含了現在閱讀的你。這故事甚至吸引比爾蓋茲基金會，拍成《孩子救孩子》的紀錄片，影響更多人加入關注。

所以，一個孩子能不能被培養出屬於自己的天賦，跟我們有沒有辦法加以引導有極大的關係。當孩子跟我們說，他想去救非洲的孩子時，我們要先想想，別馬上回答：「你功課都沒寫完，還想去救別人！」試著多用教練式的引導，多問孩子幾個問題，也許下一個凱薩琳就在你我身旁！記住，培養孩子多元看待事情的見解是我們的責任，在任何情況下，給孩子回應時請先想想，你是要給孩子「教訓」？還是「教育」？

我常用這個故事激勵我自己與教學團隊，當孩子發現問題時，我們是不是可以多一點耐性，陪著他去找出事情的緣由，並且加以行動？請記得，我們需要當孩子的父母、老師，還有教練——最後，你會發現孩子的勇氣跟想像力有時比我們還巨大！

教練式引導的重要法則

透過一些關鍵的「問」與「答」，父母能讓孩子提升解決問題的能力，也可以增進緊密的親子關係！「傑作國際專業教練有限公司」創辦人陳世明，曾提出在親子關係上，有四個運用教練式引導的法則：

一、以提問代替要求

有效的對話，首先就必須有效提問。當孩子遇到困難來找你時，必須用開放式問句去提問，讓孩子更認識問題的全貌，啟發孩子找到自己想要的結果，以及可以往目標前進的方法。開放式問句就是以什麼（What）、如何（How）、為什麼（Why）為首的問句。

二、同理傾聽

在對話的過程裡，父母親必須以同理心去傾聽。「傾聽」是要耳到、心也到，放下你手邊的工作，在此刻專心地聽孩子說什麼。「同理傾聽」就是要同理孩子背後那個理由，去瞭解他所說的內容，站在孩子的角度去聽他說了什麼，而不是以自己的主觀看法去理解。請記得，父母必須放下主觀的看法與期待，才能真正做到同理傾聽。

三、正面支持

在對話過程中，父母親要給出正面的支持，也就是以正向與肯定的氛圍，讓孩子更願意表達心中的想法。若對話過程是以批判或懷疑的方式進行，孩子就不會願意再表達，對話就會中止，也就無法做到要幫助孩子找到目標與達標方法的教練角色了。

四、不帶評價的回饋

不帶評價回饋的意思，是在對話過程中，父母要處在一個中立的立場，當作一個鏡子，讓孩子知道他自己現在處在什麼位置，並反射孩子的看法，讓孩子看到他自己未曾發現的盲點與機會點。

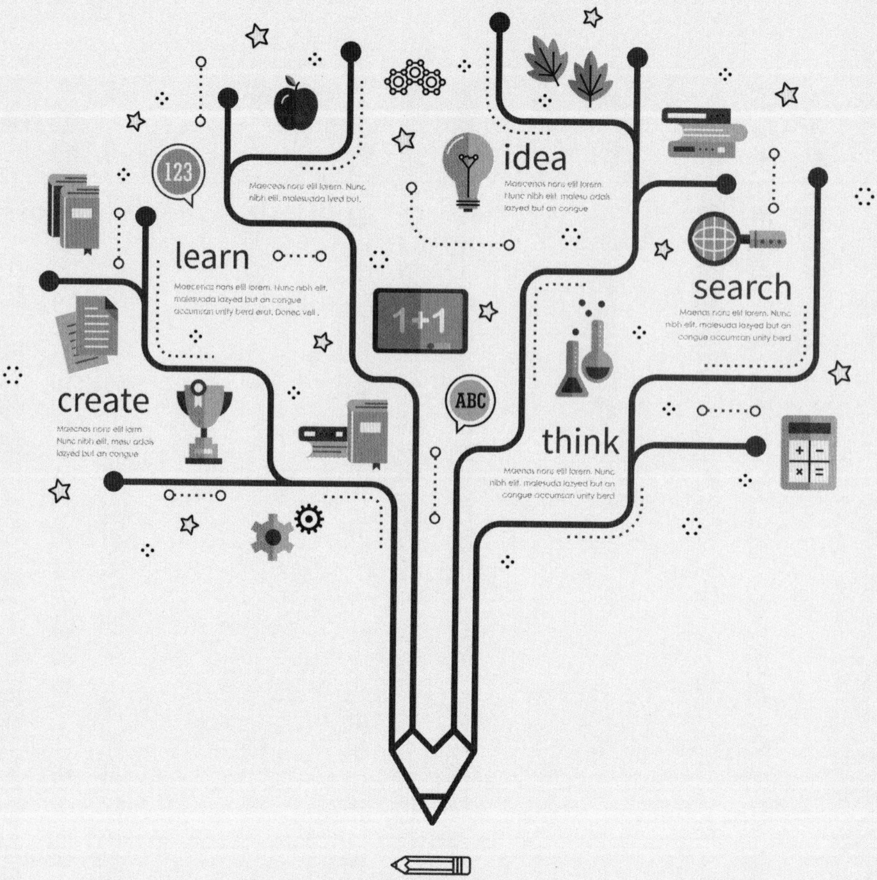

本章課題

★清楚理解理財與投資的不同

★在日常生活中培養孩子的投資力

★選擇適合孩子的投資工具

Part 6

在家也能
教出富小孩

投資，從觀察生活開始

若是要在家教出「富小孩」，父母們可是要先有「富腦袋」！本章節來到兒童財商最後一環，來談談「投資」吧！

什麼是父母該有的富腦袋呢？父母需要先釐清的，是你的投資行為是「投資」？還是「投機」？你所擁有的房子、事業、股票、基金，是資產還是負債？我們已經談過雞蛋不要放在同一個籃子裡、分散風險的重要性。父母必須先建立投資的基本觀念，帶領孩子學習上會更加清晰。

“LESSON 24”

理財、投資傻傻分不清楚

「理財」跟「投資」哪裡不一樣？在父母的訓練課程中，這是我常問的問題之一。這兩個名詞都聽過，對嗎？但要做明確的解釋，父母們常支吾其詞，說不明白。正確答案是這樣的：「投資，是理財的一部分」。

假設我們的收入為一百元，以一百元當中的四十元來買菜，二十元是孩子的教育基金，二十元來支付房貸，另外的二十元則是存退休金——這是「理財」。理財就是將金錢做適當的分配，而當中的教育基金或是退休金，可選擇用股票存教育基金、買基金存退休金，使用了相關的工具，即是「投資」。

在進行孩子投資教育前，我們大人需要有明確的認知，別忘記：「投資是理財的一部分。」

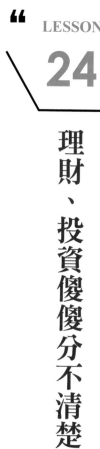

我的孩子需要學投資嗎？

有了正確的觀念後，有些父母會這樣問：「我的孩子需要學習投資嗎？」

答案是：不一定！

沒錯，孩子不一定需要學習投資。

其實，不難理解父母會問這樣的問題，因為在我們的學習過程中，連理財都沒有人教我們，更別說投資了。其實，大多數人並不瞭解投資真實的意義，他會以為投資應該是買低賣高，或是像電視台節目後面那幾台的股市老師在談的內容，就叫做「投資」。

投資扭力，將主動收入轉為長期的被動收入

大多數的人容易把「投機」跟「投資」混為一談，我常這樣跟父母親分享——你的孩子喜歡畫畫，很好！但他以後能不能成為一個有錢的畫家？你的孩子喜歡設計，很好！但他可不可以成為一個會投資的設計師？

投資，跟孩子的興趣並不違背。

我們並不是要孩子去操作金融工具，期望今天買明天就賺大錢，如果有這種投資工具，那叫做「買樂透彩券」。

兒童財商建立本身是一個工程，它需要每天細心灌溉、反覆練習得以造就，所以我們不急著把金融工具教給孩子。我們的核心思想，是先建立孩子的正確價值觀，並希望孩子在生活中運用，讓孩子理解理財跟善用金錢是件快樂且健康的事情。財務的最終勝負不是靠收入能力，因為總有一天收入可能會中斷或是終止，所以必須有將「主動收入」轉成長期有「被動收入」的能力，我稱其為「投資扭力」。

投資大師巴菲特先生說過，大部分的人投資失敗，是因為無法克制人性的兩大弱點——貪婪、恐懼，這兩個弱點會讓很多人陷入財務窘境，所以，讓孩子從小培養好的FQ，是這本書最大的期待。

FQ 教養重點

1. 理解「投資」是「理財」的一部分。
2. 財務的最終勝負不是靠收入能力，必須有將「主動收入」轉成長期有「被動收入」的能力。
3. 貪婪、恐懼，會讓很多人陷入財務窘境。

“LESSON 25”

日常生活中的財經課

投資從生活開始，常常體察生活中發生的事情是非常重要的。生活中有許多素材，若把消費藉由投資賺回來，是不是挺有趣的事情呢？投資大師華倫．巴菲特（Buffett）喜歡喝可樂，他認為這種碳酸飲料的吸引力是無法被取代的，有著巨大的商業價值，所以他持續投資買入可口可樂（coca cola）股票。至今，可口可樂光是品牌價值就已超過七百億美金，巴菲特先生身價當然也是水漲船高。

從生活中觀察，培養孩子的投資力

投資跟生活有著緊密的關係。當孩子在 7-ELEVEN 買茶葉蛋時，我們可以藉機跟孩子來場對話：

爸媽：「寶貝，你知道為什麼便利商店要賣茶葉蛋？」

孩子：「不知道耶。」

爸媽：「你想想，一顆茶葉蛋十元，便利商店應該可以賺兩元。假設賣一天賣二十多顆茶葉蛋，一週就能賣差不多一百五十顆。你知道嗎？一家店一週賺三百元，看起來並不多，但是全國有五千家以上的7-ELEVEN，每家每一週都賣一百五十顆，總部營業額一週就是七百五十萬，一年就是三億九千萬的營業額哦，而這僅僅只是茶葉蛋的業績呢！」

孩子：「天啊，好多哦！」

爸媽：「是啊，其實賣茶葉蛋還有另一個更厲害的原因，就是可以吸引客人多停留一會兒，茶葉蛋飄香讓客人垂涎三尺，客人原本只是來繳個帳單就要走了，聞到香味心想：『那就買個茶葉蛋吧！』看到旁邊有御飯糰，也拿一個；都買了吃的，不然也帶杯飲料走吧……你看看，商店裡面還擺設了桌椅，提供用餐的區域，是不是都幫你設想好了呢？」

營業超過五千家的 7-ELEVEN，本身就是個巨大的通路。你想想，許多商品、店家想跟 7-ELEVEN 合作，就是因為可以在最快的時間、透過通路讓大眾知道。如果你覺得便利商店是很有潛力的，當股東是參與這家公司績效最快的方法。而買一家公司的股票，就是成為那間公司的小股東。

培養孩子的「投資力」，其實是多一種對生活的體驗，在孩子小學三、四年級開始，是比較恰當的時間。不用急著一頭熱告訴孩子複利、殖利率這些較硬的觀念，從生活體察，開始讓孩子對投資產生興趣是最重要的——畢竟，一個孩子要喜歡理財，才能好好理財。

「FQ 教養重點」

1. 生活中有許多素材，可由日常觀察做起。
2. 喜歡理財的孩子，才能好好理財。
3. 當股東是參與好公司績效最快的方法。

LESSON 26

孩子幾歲開始學投資好？

孩子學習理財是一種漸進的過程，需要一個一個步驟走，很多父母會問：「從何時開始比較好？」父母們都會希望聽到一個確切年齡，這裡是我的正確解答：

「孩子一定要先有前面章節的基礎觀念，再來學習投資，才比較恰當。」

理財教育的三基礎

- 一、教孩子儲蓄：養成儲蓄的習慣、完成目標的信心
- 二、教孩子花費：辨別需要與想要，擁有控制預算的能力
- 三、教孩子捐獻：培養奉獻有形及無形資產計畫的習慣

建立好以上三個理財教育的基礎，從孩子小學三～四年級開始，父母就可以給予孩子

一些投資的觀念及實際操作。接下來要做的，就是讓孩子「養一隻會下金蛋的鵝」！

養一隻金鵝下金蛋

《伊索寓言》裡有篇《下金蛋的鵝》的故事：

有一天早上，農夫發現自家的鵝窩中有一顆閃閃發光、金黃色的蛋，他將金蛋帶回家，驚喜地發現這是一顆百分之百純金的蛋！從此以後，農夫每天都能從鵝舍中得到一顆金蛋，他靠著販賣金蛋，變得富有起來。

但是農夫並不滿足，變得越來越貪婪，他想：「一天才只有一顆金蛋，實在太慢了，若能一下子得到鵝肚子中所有的金蛋，豈不是太棒了！」於是他決定殺死鵝，到最後，卻發現鵝肚子裡什麼也沒有！

農夫後悔不已，卻已經來不及了。

我常用這個故事做為教育孩子投資的開端，除了教我們做人不可貪心外，另一方面是要具有「長期投資的觀念」！建立長期投資的觀念，就是讓孩子知道，時間可以創造出倍增的效果，而且這隻金鵝對農夫來說是個資產，不要殺鵝，就能讓資產倍增。

從紅包錢開始養隻小金鵝

對孩子來說，每年的壓歲錢通常數字較大，要上繳給父母代管。如果這筆錢到元宵節還在你或孩子手上，代表它沒被花掉，安全度過了整個過年期間；這時，許多父母會將這筆紅包錢存進孩子的戶頭，像例行公事般年年累積至孩子成年。運氣好，沒挪來當出國旅費的話，屆時交還給孩子，似乎就盡了身為父母親的義務了。但，若只是幫孩子保管這份金錢，其實你可能錯過了與孩子溝通錢的好機會，也犧牲了讓錢變大的時間魔法。

用紅包錢養一隻小金鵝，就是讓這筆錢進入一個固定可回收的帳戶，而母金不能消失——例如定存、固定收益的基金、高殖利股票，都是作為開始進行的好項目。這個帳戶能用孩子的名字設立最好，因為這是他的鵝，而不是父母的，同時也讓孩子瞭解，「鵝」不是明天就下蛋的，經過時間等待，就可以拿到多的小錢回報。這些回收，可能來自於銀行履約的利息，或是股利分紅（就像成為便利商店的小股東，可以領取股利），這都會讓孩子們覺得有趣，也很生活化。當這些投資工具配息時，一定要把收據保留下來，讓孩子感受一下收穫金蛋的感覺。

金蛋本身是一種非工資收入，教育孩子千萬別僅僅因為一時的「想要」，像是要買IPHONE、出國玩，就殺了鵝（資產）——吃了鵝，只能填一時之飽，想想看，就連巴菲特先生也沒有賣掉可口可樂的股票，不輕易殺鵝（資產）！

FQ小教室 72 法則

「72 法則」就是一個資產「倍增」所需要的時間。
用 72 除以報酬率，即為所需要的時間。假設想將一百萬變成兩百萬，若選擇：
6% 的投資工具，需要 72 / 6 = 12（年）的時間
8% 的投資工具，需要為 72 / 8 = 9（年）的時間
12%的投資工具，需要 72 / 12 = 6（年）的時間

養出小金鵝的四個觀念

想要養出一隻小金鵝，需要有四個好觀念。

養鵝不殺

讓孩子清楚認知到「鵝是個資產，不會貶值」，與其幫他管理，不如幫孩子找一個合適的工具，透明化地讓他參與其中。

不要嫌金蛋小

剛開始確實只會產出很小的金額，像把錢拿去定存，存入一萬，一年後拿到的利息是一百五十元。但父母可別嫌蛋小，要與孩子分享，我們並沒有為這個定存付出過任何事，僅僅只是把錢存進去而已。

這個一百五十元，對孩子來說就是一種非工資收入，從定存領息開始，讓孩子感受領小金蛋的樂趣，再讓孩子嘗試「定時定額基金投資」或是「買股票當小股東」。

搞清楚鵝主人是誰

這隻鵝的主人是孩子，千萬別拿這筆錢當作父母的炒股基金，或隨意地買賣！我們要做的，是培養孩子長期投資及建立資產的觀念，非常重要！

理解時間是有價值的

許多猶太父母送給孩子的第一個生日禮物，就是「股票」。你會想：孩子又不懂數字，怎麼需要擁有股票？其實猶太父母深深地瞭解到，理財的核心精神就是賺「時間」，時間是有價值的。買一張好股票代表買一家好公司，一張股票會隨著時間，變得有價值，你不僅賺了公司成長或分紅的報酬率，也享受時間帶給你的回報。

不同階段的帳戶分配比例

在前面的章節中，我們分別介紹了各種不同戶頭的用途，當中包含如何跟孩子溝通「工作」，讓孩子知道金錢的來源，以同理心體會父母工作的辛勞。

- 「儲蓄」是用來完成夢想用的帳戶，也是孩子第一個該擁有的戶頭。
- 「消費」帳戶是要讓孩子學會支付「想要」跟「需要」當中的差價，明白記帳的重要性，這是孩子第二個該擁有的戶頭。
- 孩子在運用「捐贈」帳戶時，要把每一分錢發揮到最大效益。

父母清楚知道兒童財商的輪廓後，在年齡與金額比例上，我們通常這樣建議：

> **理財致勝關鍵**
>
> 成人理財的致勝關鍵，是紀律的分配。
> 孩子理財的致勝關鍵，是習慣的養成。

五～九歲的孩子

當每次拿到零用錢優先把錢存進儲蓄帳戶五十%，再來支付給消費帳戶四十%，最後十%放進捐贈的帳戶。

十至十二歲的孩子

每次拿到零用錢，優先放進儲蓄帳戶三十%，再來支付消費帳戶三十%，最後十%放進捐贈帳戶，另外提存三十%給投資的戶頭（投資戶頭是要漸進式地提撥到三十%，不要一開始就撥三十%）。

十至十二歲的孩子能處理的金額已經稍微大了一些，這筆錢可能每週數百到數千不等，若是孩子能把金額分配好，其實已經是在執行成人財商中「專款專用」的技巧了。

孩子到了國中或高中時，父母親會將一部分的生活費用，直接提撥給孩子自行運用。這些金額涵蓋了一部分的生活費，包含在外用餐、交通、悠遊卡儲值、生活用品如文具或書籍的購買等等。青少年孩子的物欲，可不像幼童一樣容易滿足，在消費行為上有時也會受同學影響，極有可能把生活費直接拿去購入自己追崇的商品，導致餐也沒有好好吃，甚至跟同學借錢等等，這都不是我們所樂見的。

因此，我們記得要求孩子做好記帳、將小錢分配好，循序漸進，就可以大膽地把金錢給孩子管理囉！

FQ教養重點

1. 從孩子小學三～四年級開始，父母就可以給予孩子一些投資的觀念及實際操作。
2. 建立長期投資的觀念，就是讓孩子知道，時間可以創造出倍增的效果。
3. 養出小金鵝的四個觀念：養鵝不殺、不要嫌金蛋小、搞清楚鵝主人是誰、理解時間是有價值的。

我們這一家

你曾和孩子說明家庭的財務嗎？這個遊戲能夠輕鬆讓孩子參與家中的規畫，明白收入、消費、風險的連動關係！

- **單元目的**：讓孩子認識家中的理財規畫與分配，並理解每一項決定都有其影響。
- **活動人數**：三人以上
- **用具準備**：筆、家庭規畫表（請見P.287）、命運卡（請見P.283～P.286，請裁下使用）
- **活動內容**

1. 角色分工：決定誰是大人A（或爸爸）、大人B（或媽媽）、小孩……（可以讓孩子角色扮演，或者以真實的身分進行）
2. 角色職責：由大人A當隊長，大家意見不同時，大人A可以做最後決定，大人B要負責記帳，記錄家中的收支。
3. 角色情境及規則說明

情境：家庭中大人每個月收入合計五萬元，你們住在自己擁有的公寓內。

COLUMN

規則：每個決定都要由家庭成員一起討論，做出共同決定。但是要記得，每個決定都會影響到之後的命運。

提醒：要衡量家中經濟狀況，妥善分配運用金錢，不要把錢全花在同一個項目上，如果活動進行到家庭破產，遊戲就算結束了。

第一階段：選擇與規畫

1. 由大人 A 依序唸出以下每一項選擇題目。
2. 每道題目討論時間三十秒。
3. 請大人 A 將決定支出的金額告訴大人 B，由大人 B 登記在家庭規畫表（請見 P.287）上，並清楚記錄收支狀況。

- 選擇一：你們家會不會把每個月的薪水固定儲蓄一部分起來？決定會或不會，會的話將儲蓄金額拿到一旁，不可動用，請大人 B 登記支出。
- 選擇二：你們家每個月會不會固定拿錢去投資？決定會或不會，會的話請決定選擇投資股票或基金，並決定金額（價格請參照家庭規畫表），請大人 B 登記支出。
- 選擇三：你們家的父母會不會在工作之餘，花錢進修學習（如外語、行銷、經營管理等），加強自己工作上的知識和能力，對將來的工作升遷或加薪都更有機會？

決定會或不會，會的組別決定是讓大人 A 或大人 B 進修，還是兩位都進修。決定金額，請大人 B 登記支出。

- 選擇四：你們家會不會花錢讓小孩學才藝，提升自己的技能？決定會或不會，會的話決定選擇讓幾位小孩學才藝，並決定金額，請大人 B 登記支出。
- 選擇五：你們家會不會參加全民健康保險？決定會或不會，會的組別決定要買什麼保險？幫幾個人保險？決定金額，請大人 B 登記支出。
- 選擇六：你們家會不會再花錢為家人買其他保險？決定會或不會，會的組別決定要買什麼保險？幫幾個人保險？決定金額，請大人 B 登記支出。
- 選擇七：你們家要不要購買房屋災害險？決定會或不會，並決定金額，請大人 B 登記支出。

第二階段：狀況實戰

看看剛才大家做的決定，在遇到現實中發生的狀況時，是否能帶來實際的好處或是減少損失。請準備 P.283 ~ P.286 的命運卡共八張。

COLUMN

1. 家中成員進行抽排，輪到的一人抽出一張命運卡。
2. 唸出命運卡內容並執行，當場支付及結算。
3. 遊戲抽了五張牌後，進行總結算。股票基金都依最後的價格賣掉，看看現金總結為多少。

引導反思

如果再來一次，回到選擇的階段，我們這一家有沒有什麼選擇是想改變或調整的？為什麼？

結語

遊戲中的命運卡都是生活中可能會遇到的狀況，而選擇階段就是我們要想好怎麼分配金錢。遊戲中有哪些分配的類別與目的（累積財富、充實自己、降低風險損失）？大家想想，如果剛才沒有選擇階段，直接進到實戰階段，你們剩下的錢會更多還是更少？所以，選擇階段就是提醒我們先做好準備，當意外發生時，可以降低我們的損失，當機會來臨時，可以增加我們的收入！

LESSON 27

你的平板電腦是資產還是負債？

《富爸爸，窮爸爸》作者，羅伯特．T．清崎曾為資產及負債下了清楚的定義。他說：

「資產是無論你是否上班，依然會一直幫你把錢放進口袋的事物。」

「負債是就算自身價格升值，但依然會把錢從你口袋中拿走的事物。」

所以，別誤以為「有土一定有財」！你曾想過你擁有的事物，哪些是資產？哪些是負債呢？

你住在你的負債裡面嗎？

「有土斯有財」是從古傳承至今的觀念，似乎每個人都要有個房子，才能證明自己的能力。這狀況在中國更加明顯，父母親除了自己住的房子，還必須準備一戶給下一代，是否有「房」，已成了未來結婚的基本條件。當我們看見同儕之間一個一個買房時，心中難免產生了急迫感，甚至覺得租房子是件丟臉的事。

在這裡，我想提供另一個角度給大家思考：「你正住在你的負債裡嗎？」

如果勉強自己去買了房子，但房貸的支出超過收入的三分之一，在生活上是滿辛苦的，會影響到生活品質；而且，由於大部分的收入都拿去支付房貸，也失去了投資的機會。此外，持有一個房子的成本也是相當高的，地價稅、房屋稅、管理費或是產物保險，都是房子的必須支出。強烈建議房貸的支出不要超過收入的三分之一，超過時，房子就成為你的負債。雖然一開始是租房子，但做好理財分配、累積財富並學會投資，再去買房子，會比較從容。

富腦袋 vs. 窮腦袋

你知道嗎？猶太人的思維模式跟我們不太一樣，他們認為有錢的人有著富腦袋，花時間管理資產；窮的人整天忙於購買他的負債，所以是窮腦袋。在我們的生活中，我們常常會買東西，但缺乏理解「購買的背後動機」。

我曾有一對房客，太太是台灣人，先生是猶太人。有一天，夫妻倆逛著街，太太突然肚子餓了，她發現街上有一個賣五十元炸雞排的攤子，好想吃啊！先生卻告誡她，快接近晚餐的時間了，妳不該吃這個東西，而且它不會為妳的身體帶來任何好處！走到百貨公司，先生突然發現一雙價值六千元的鞋子，看上去非常舒服，他跟太太說，快來試試這雙鞋吧，一定很好穿！太太一試果然覺得很適合，先生說：「買下來吧，因為妳非常需要一雙適合的好鞋，對妳的健康也很好。」

各位，六千元的鞋對於猶太人來說，就是資產，因為可以帶來健康、保護好太太的腳。而五十元的炸雞排雖然不貴，但對於他來說是個負債，因為對健康沒有益處。所以，是資產還是負債，並不在於金額多寡，是當他們在購買東西時，要想到這樣東西有沒有幫他帶來更多的價值。

所以，你目前清楚你擁有哪些資產，哪些負債嗎？如果做父母的，能夠釐清自己本身的資產與負債，在進行孩子的財商教育時，就會更加清楚。因為這個階段孩子擁有的資產不多，但是若能善用自己的優勢及專注，培養一、兩樣興趣或領域，持續地投入累積，無形中已經是為未來創造資產了。這個章節也會讓你重新整理關於父母的資產負債，一起跟孩子擁有「富腦袋」吧。

平板電腦、名牌運動鞋、讀書學習，各是資產還是負債？

如何引導孩子辨別資產與負債？父母可以看看以下我跟阿財的對話，是如何引導孩子的資產負債正確觀念。

＊＊＊

阿財：「布萊恩老師，你有夢想嗎？你在我這個年紀時，有沒有想過你長大以後要過什麼樣的生活？」

布萊恩：「有哇，我想要創業當一個老闆，發揮自己的影響力，對這社會做出很多的貢獻。」

阿財：「哇！那你已經實現夢想了耶！」

布萊恩：「是啊。阿財你知道嗎，歐洲有一個叫做比利時的國家，他們曾經找了一千位爺爺奶奶，問他們，這一輩子做過最後悔的事情是什麼？你知道嗎？第一名的答案竟然是：『在年輕時，都選擇跟別人做一樣的事，而沒有多努力一些。』

布萊恩老師希望你們長大了以後，都能實現你的目標，不要等到變成老爺爺、老奶奶，才來後悔。所以，我要送你一個禮物，那就是把你的腦袋調到『智慧模式』。你知道為什麼很多人，長大以後，可以過著他夢想的生活嗎？那是因為他們擁有很豐富的資產。」

阿財：「什麼叫『資產』啊？」

布萊恩：「資產可以不斷把錢和價值帶到你的口袋裡，比如你買了很多書，所以你寫作文的能力不斷提升，成績就越來越好，可以進入更好的學校。資產帶來的好處和價值是不斷持續的。但是啊，有很多人都搞錯方向了，他們擁有的東西不是資產，而是叫做『負債』。負債就是不斷消耗你口袋的錢，但又沒有幫你創造出新價值的東西。比如，你已經擁有某一種類型的玩具了，但是你還是不斷購買非常類似的玩具，那麼這些新玩具你根本玩不過來，這就是負債，因為他們不會為你創造出更多的價值。所以想想看，假如你有很多這樣的負債，口袋的錢只會越來越少，想擁有喜歡的新東西就會變得更加困難了。阿財，你希望生活中是多一些資產，還是多一些負債呢？」

阿財：「當然是多一些資產囉！」

布萊恩：「聰明！但是很多人會不小心把負債當成資產了呢。我來考考你，你思考一下，名牌運動鞋是資產還是負債？」

阿財：「名牌運動鞋？咦，這應該是負債吧！」

布萊恩：「如果你穿了一雙好走的鞋，讓你走路更穩健、更有效率，或是可以穿著鞋好好運動，讓身體更健康，這雙運動鞋就是你的資產。如果你只是為了炫耀，或者因為它是名牌而買，那這雙運動鞋就成了你的負債了。」

是資產還是負債，
其實是你大腦作出
的一種消費選擇！
什麼是資產？
什麼又是負債
呀？

阿財：「平板電腦呢？」

布萊恩：「如果一個平板電腦，讓你的學習變得更方便，節省了很多時間，或者是讓學習變得更有趣、更輕鬆，這就是資產。但如果只是用來看動畫、玩遊戲、打發時間，這個平板電腦就成為負債了。所以一樣東西是資產還是負債，取決於它能不能為你帶來價值。如果有價值，他就是你的資產；如果只帶來損耗，那就是負債了。」

阿財：「那我花了時間在學校讀書呢？」

布萊恩：「在學校讀書是累積自己的知識，讓你以後長大，有比別人更多的機會或能力，使用你的專業知識工作、生活，這些都是你的『無形資產』。有形資產像是爸爸媽媽買的房子、股票、基金，是看得到、摸得到的。無形資產雖然實際上看不見，卻能為你增加價值，比如知識、健康、才藝，是屬於你未來的競爭力。

阿財，雖然你現在沒有辦法投資有形的資產，但是可以累積你的「無形資產」。當你每天上學，學習新的知識、才藝時，就是在投資你自己不斷變得更好。

所以，你發現了嗎？是資產還是負債，其實是你大腦作出的一種消費選擇，如果你有了一顆富有的腦袋，你看事情的角度也會不同，讓每一種花費帶來的是資產，產生新的意義、進步與成就感！」

阿財：「哇，我開始對去學校產生興趣了耶！」

布萊恩：「太好了！回去以後，你可以跟爸爸媽媽一起畫一張資產負債表，當你買任何一樣東西，或是決定一件事要不要做之前，都先想想看這件事做了或這個錢花了，對你有幫助嗎？它是你的資產還是負債？若能常常練習這個思維模式，就會發現你會做出更有智慧的決定，將來不會成為只會後悔的爺爺奶奶了，希望你能成為夢想的實踐者！」

FQ 教養重點

1. 資產是無論你是否上班，依然會一直幫你把錢放進口袋的事物。
2. 有錢的人有著富腦袋，花時間管理資產；窮的人整天忙於購買他的負債，所以是窮腦袋。
3. 帶孩子釐清資產與負債的關係，讓花費帶來資產，產生新的意義、進步與成就感！

Kid's 小學堂

蘋果婆婆的果園

鄉下的小村莊裡有個「蘋果婆婆」，她種的蘋果品質良好、遠近馳名，光是經過就會聞到撲鼻而來的蘋果香。

蘋果婆婆非常重視品質，絕不使用農藥，主張有機工法，把果園當作孩子般細心照料，常常早出晚歸。隨著蘋果生意越來越好，蘋果婆婆體力卻日漸下滑，有一天她體力不支，病倒了。從那天起，她再也無法整理偌大的果園……蘋果婆婆捨不得她辛苦大半輩子的果園就這樣關掉了，也不想讓顧客們失望，她該如何讓這蘋果香繼續飄揚？

小朋友你們可以幫幫這位婆婆嗎？

引導反思

我們用這個故事，與孩子分享「解決問題的能力」、「辨別資產」的概念，沒有一定的標準答案。父母們也可以跟孩子說說這故事，讓孩子思考看看他會如何回答？即使答案如何天馬行空也沒有關係！

解決問題的能力，在兒童財商教育中是很核心的一環，我們會強迫孩子思考、組織，

COLUMN

且設身處地為他人著想，做出適合的決策。討論時老師會加入資產概念，在我們的定義下，只要是能增加未來收入的投資，不論是人力或設備，都可以被視為「有效資產」。

課程中，透過分組思考及討論，我們讓孩子們思考，要如何才能夠幫婆婆永續經營蘋果園呢？小朋友想出了許多辦法，像是：增加員工、購買良好的鋤草設備、利用網路訂單、將過剩的蘋果打成汁銷售、將蘋果園轉型成觀光果園、開發蘋果的加工產業做成果凍等等……

藉由這個活動，也可以讓孩子想想本身的資產是什麼。通常孩子現階段不會有太多金錢，我們會引導孩子去思考自身的無形資產，例如健康、友誼、時間，透過這個故事，讓孩子珍惜自己現階段的資產。

另外，我們可以更進一步，思考到目前有許多產業必須進入轉型，現在政府所提倡的創新，不只是在創造出新興的產業，若是傳統產業能擁有新的技術、好的點子，也可以是一種新創產業。我們期待台灣能保有新創的能力，把人才留在這片土地上！

LESSON 28

適合孩子的投資工具

在過去的工作經驗當中，我知道投資的核心不該是短進短出，我們使用的金融工具要能「讓我們睡得著」是很重要的。台灣人平均持有基金的時間是二．六年，比全球平均的二．九年來得短，若基金持有時間太短、週轉率過高，或是常常在轉換，把A基金換到B基金，B基金又換到C基金……扣掉手續費用，到最後可能是白忙一場。投資，是要享受複利帶來的魔力，前提是要長期持有，有足夠長的時間，才能看見投資的效果。愛因斯坦（Albert Einstein）也說過：「複利的威力，超越原子彈。」

孩子的年紀較小，這階段若能協助他們找到合適的工具，未來能擁有出國的教育基金或是出社會的第一桶金，都很適合。

挑選合適的投資工具

孩子平時累積的零用錢，若能依之前所說的比例提撥到投資帳戶，或是存下的壓歲錢、獎學金，甚至是上了高中後的打工薪資……等，父母們應該協助孩子找到一個適合的工具，進行投資。

提醒父母們，這裡說的是「投資」而非「投機」。這個觀念是透過時間跟複利，創造長期的收益，無論選擇那種工具，單一或多重使用，都沒有問題。別忘記這是一份資產，讓孩子養一隻會下金蛋的鵝吧！

定存

這裡指的定存，是「外幣的定存」。外匯買入是個不錯的投資選擇，尤其孩子未來若有出國需求，可以長期分批買進當地的貨幣，避免一次換兌的風險，重點是可以將這筆資金進行定存，賺取利息，除了可以抗通膨，也是一種領金蛋的概念。目前大多數的外幣定存利息皆比台幣高，選擇上當然以主流貨幣為主，像是美金、澳幣、歐元、人民幣定存表現，皆比台幣好，避免買入風險較高的幣別，如南非幣等。

用「基金」滾出第一桶金

我認為基金是最適合作為長期投資的工具。基金是買「一籃子股票」，風險相對股票來說小很多——如果單買一支個股，萬一公司表現不好甚至下市，投入的錢可是拿不回來的。

每個月定時定額又稱「平均成本法」，概念上就是不管漲、跌，皆以固定時間投入固定金額，適合沒在看盤的投資者。將錢交由基金經理人操作，透過長期的定時定額，加上不定時增額，是買基金最聰明的方法。

基金的結構是在買單位數，用蘋果來舉例：蘋果在市場上目前時價是十元，買一百元，可以買十顆；當蘋果的價錢來到了二十元，同樣的一百元只能買五顆；若蘋果的價錢跌到五元，一百元就可以買到二十顆。以這樣的方式投入一百元三次，這時手中的蘋果總共有三十五顆，如果當蘋果回到十元時全部賣掉，可以獲得三百五十元。

買基金的概念跟買蘋果很像，所以當基金的淨值往下走時，同樣的金額可以買到的「單位數」就比較多，反之則單位數較少。基金本身已經是經過篩選的股票、地區甚至產業，較為穩定，長期下來作為孩子的教育基金是很適合的；定時定額來說一個月三千元即可開始，也是門檻較低的工具。

不定時增額則是當市場發生恐慌事件，基金的價格跌至較低時，可以一次性買入較多的單位數。我認為，買基金用這兩個方式互相搭配，是最棒的方式。銀行有理專會跟父母們做建議，可以善用這個管道或諮詢，網路銀行操作也很方便即時。

不當「股票菜籃族」

「股票菜籃族」是形容一個人隨便看看報紙、電視，或聽朋友聊聊，就跟著買股票的族群，布萊恩老師不希望父母用這個方式教孩子。還記得前面提過，猶太人送給孩子第一份禮物是股票，其原因就是希望這支股票，能伴隨孩子成長，成為資產。

股票的本質，是希望投資者把錢投入公司，成為這公司的股東，等待分紅。這原本是個很棒的工具，只是很多人把股票做成極短線的套利工具，失去了原本投資的意義。

一家好的的公司是值得投資且長期持有的，想想巴菲特買吉列（Gillette）、可口可樂，有今天買明天賣嗎？所以，父母們應該把「賺取股利的觀念」教給孩子。許多公司願意跟投資者分享利潤，好比說先前提到的便利商店也是個很好的投資標的，殖利率也很高。

孩子若能每年買一、二張類似的股票，能跟生活連結，當別的孩子還在沉迷線上遊戲時，你的孩子已經開始當個小股東，這一定很有成就感。

當然，股票的門檻是這三種工具（定存、基金、股票）中最高的，風險也比較高，不過長期來說，報酬率也是最好的。其實，工具沒有好壞，只有適不適合，請選擇適合自己的工具與方式吧。

一個三十五元芭樂的故事

這是一個真實案例。我們的學生小鎧有天不太想吃水果，他突發奇想，想把學校營養午餐的芭樂給同學，最後居然找到買家，且價錢出奇地好！這筆交易居然還有議價的過程，從原本對方願意買的二十元，一路提高到三十五元，對一個小學一年級生來說，是個很成功的銷售經驗。

不過小鎧媽媽卻覺得很困擾，這樣的行為到底好不好呢？

其實，我們可以看出，小鎧這個孩子是非常具有創意的，可以為自己的目標想些方法去賺取報酬。在國外，很多父母會非常願意提供一些交易及打工機會，鼓勵孩子賺取零用錢，例如幫忙鄰居洗車、除草，或是手作一些小東西到學校販售，我認為這樣的教育方式很合理——因為財商就是生活，以付出跟買賣換取報酬沒什麼不對。

不過，在這個案例中，其實我們可以告訴小鎧：「飯後的水果有很多你需要的營養素，所以我們不應該出售需要的東西。如果你那天真的不想吃芭樂，可以與同學分享，這樣的方式更好！」

你們家也有類似的狀況嗎？像小鎧這樣的孩子，平時在家也一定十分古靈精怪，非常清楚自己的欲望或目標。身為父母，這時候可要放輕鬆，可以給他一些非家務的「工作機會」。

在我們的活動中也有一次類似的經驗，我們讓孩子製作手工餅乾，並加以包裝，扣掉成本和工資後把收入捐為公益基金。我想，父母們也樂於奉獻時間、陪伴孩子，讓孩子學會分享，且透過這個過程把創業流程再走過一次，從當中可以一次學會創造、付出、經營，將我們提倡的「財商就是生活」徹底實踐。

FQ 教養重點

1. 投資的前提是長期持有，有足夠長的時間，才能看見投資的效果。
2. 股票的本質，是希望投資者把錢投入公司，成為這公司的股東，等待分紅。
3. 工具沒有好壞，只有適不適合，請選擇適合自己的工具與方式。

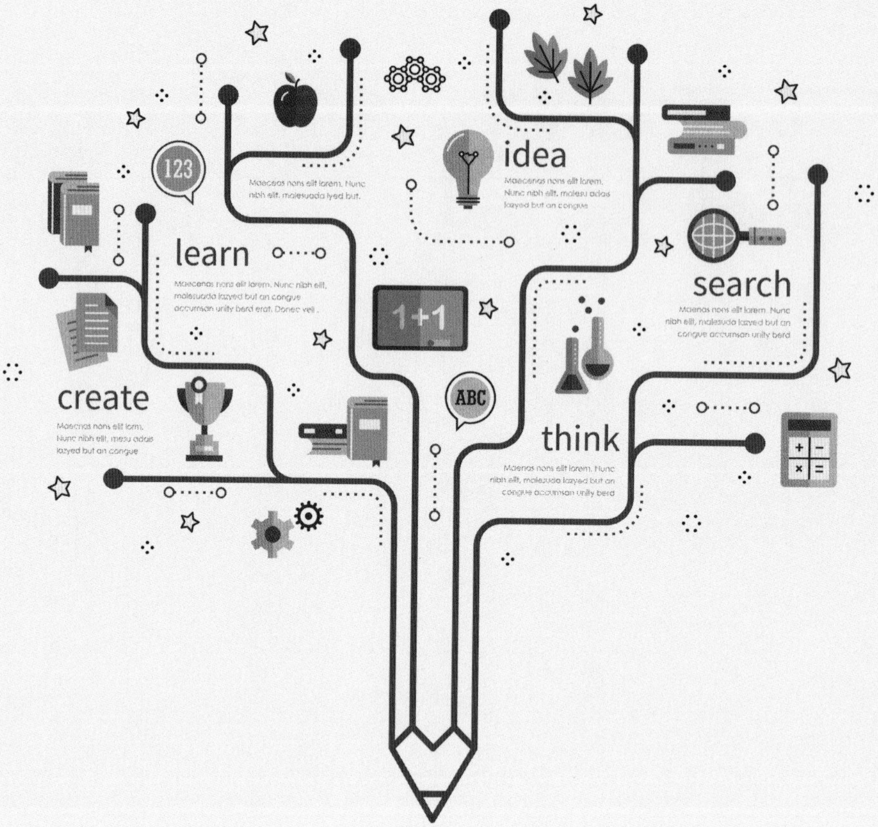

本章課題

★理解兒童帳戶與成人帳戶的不同

★適當運用兒童帳戶，幫孩子累積第一桶金

★正確認識定存、基金與股票投資

Part 7

進階不藏私！認識兒童理財帳戶與投資工具

從 0 開始累積孩子的第一桶金

開設兒童帳戶的重點，一來是提供父母親作為贈與及資產規畫運用，二來是讓孩子參與操作，孩子可以瞭解到當前金融市場實際的狀況。現在透過網路銀行及 APP 的方式，即可瞭解目前多少存款或投資項目當天的報酬率，非常方便。建議父母們，可以善用這些工具整理當下資金狀況，一目瞭然。

兒童帳戶還能有節稅的好處，在目前的稅制中，每年提撥二百二十萬以內新台幣到孩子名下的帳戶中，是不用額外課徵贈與稅的。倘若父母有這方面的需求，不妨利用兒童帳戶帶來的免稅額好處！

LESSON 29 關於兒童理財帳戶

針對兒童帳戶開立條件，郵局或銀行條件大致如下：若孩子未滿七歲，父母須持自己的雙證件、子女證件（身份證或戶口名簿、健保卡）以及子女印鑑，前往銀行臨櫃申請辦理；假如子女滿七歲以上，則須與父母一同到銀行辦理開戶。建議父母們去銀行前，可打電話向銀行再次確認應準備的文件，以免疏漏。

進行開戶前有幾個重點須跟父母們說明，在銀行有分為幾種類型的存款帳戶功能，可依理財需求而定，目前普遍性來說，未成年人可開的帳戶有：

- 綜合存款帳戶（可做活存、定存）
- 理財型帳戶（可做基金、保險等投資信託帳戶）

建議同時開通以上兩種類型的帳戶，若有網路銀行也可同時開通。證券需求要另外開戶，合作的銀行若有券商可以同時開兒童的證券戶，未來下單利用網路APP也非常方便。

幫孩子開戶前，先聽聽股神巴菲特怎麼說

巴菲特先生的這句話，可讓人理解投資理財的真諦：

「人生就像滾雪球，你只要找到濕的雪和很長的坡道，雪球就會越滾越大。」（Life is like a snowball. The important thing is finding wet snow and a really long hill.）

這一句話，完整說明了投資理財的本質：「雪球」就是「投資的成果」，影響最後雪球大小的，有三件事：

找到夠長的坡道：時間、儘早投資

對於每個人來說，最公平的就是時間，坡道長度越長，雪球滾動的距離跟效果就越好。人一生的時間是有限的，孩子從小開始做定時定額，長期儲蓄及早點開始投資才是致勝關鍵。從下面的例子，你會知道為什麼越早開始投資越好。

假設投資報酬率為百分之五，A、B因為開始時間不同，達到同樣成果的成本不同。

A：零歲開始投資，每年投入十萬，只投入十年（共投入一百萬元）就停止投入資金，放到三十歲會有三百五十萬元。

B：十歲開始投資，同樣每年投入十萬元，但要一直投入到三十歲（共投入兩百萬元），才會有三百五十七萬元，

兩者結果同樣是三百五十萬左右，B晚十年開始，就要多投入一百萬的成本，才能達到跟A有相同的成果。換句話說，對於孩子來說，父母及早出手協助管理，孩子在未來確實可以攢到一筆不小的基金，當作創業或是買房頭期款都會是個不小的助益——關鍵就在於提早開始！

找到夠濕的雪：談投資報酬率

負利率的時代，小心錢被通膨吃掉！若能找到夠濕的雪，在滾動過程就能吸附更多的雪，讓雪球資產越滾越大。

假設銀行定存利率為百分之一，在基金市場長期來說，每年合理的報酬率約百分之六至十，相比之下，最後成果會差多少倍呢？

一開始的雪球要大：一開始投入的「資金」要大

如巴菲特先生所說的：如果一開始的雪球越大顆，最後滾出的成果當然越大！這是最常被忽略的一點，因為大多數人都缺乏一開始的那顆「大雪球」。現實中，我們通常很少有機會在年輕時就有一大筆資金投資，大多是每個月固定撥出一筆資金來進行。那該如何擁有人生的第一顆大雪球呢？運用「定時定額，結合不定時增額」，是你最好的方法。之前提到的基金、股票皆可以用這個方法，讓你擁有那顆大雪球。

本書的目的是給予父母培養孩子財務智商的方法，除此之外，我也衷心盼望讀者們能開始接觸理財，並用正確的方法建立理財概念，從現在開始一點都不晚！

FQ 教養重點

1. 未成年人可開的帳戶有：綜合存款帳戶（可做活存、定存）、理財型帳戶（可做基金、保險等投資信託帳戶）。
2. 負利率的時代，小心錢被通膨吃掉！

LESSON 30

開設綜合存款型兒童帳戶

依據本書的規畫，孩子第一個要建立的是儲蓄觀念，順序是從儲蓄到消費再到捐贈，這些步驟不能省略，在這期間若有較大的紅包壓歲錢、獎金，可以先放在兒童存款帳戶，這個帳戶是用孩子的名字開設的，所以讓孩子知道裡面有多少錢是重要的。

若是希望帳戶可以賺點利息，使用上大致區分三種方式，可以跟存款單位約定進行（目前多數的網路銀行都有這個功能，可以不用多跑一趟銀行，線上約定是個很方便的途徑）。

整存整付

開戶時，一次存入本金（最低存款金額為新台幣一萬元），並選定存款期限，到期支領本息。假設存入一萬元，過十二個月後，在利息百分之一．五的情況下，最後拿回的

FQ小教室 郵局兒童帳戶利息相關說明

- 存款利率：
  請至「郵政存款利率」查詢。
- 利息計算：（定期存款試算）
  存單利息計算分「固定利率」及「機動利率」，「零存整付」僅以機動利率計息。如採機動利率者，遇郵局同期限之存款牌告機動利率調整時，即機動調整。
  定期儲金之利息，一、三、六、九月期者按月單利計算。一年以上各期者，除分期付息外，按月複利計算。其足月部分不論大小月按月計息，不足月部分（含閏年）之零星天數，一律以三百六十五日為計息基礎。
  「零存整付」如因結存不足無法於約定轉存日扣帳，自逾期第三天起計扣利息（即到期提款時由電腦計出應得本息後扣除逾期未存款期間之利息，每月存款逾期在兩天以下者不扣利息）。

（資料來源：中華郵政全球資訊網——儲匯專區）

到期本利和是一萬零一百五十元。

整存整付參考郵局存款期限：

- 一、三、六、九月期
- 一、二、三年期

指定到期日（最少一個月，最長不逾三年）

分期付息

開戶時，一次存入本金（最低存款金額為新台幣一萬元），並選定存款期限，存滿一個月後，按月支領利息，期滿領回本金。

假設本金在年初存入台幣十萬元，利息在百分之一．二五的情況下，每個月存款單位會支付利息一百二十五元給你，等期滿後會返還本金十萬元。

分期付息參考郵局存款期限：

- 三、六、九月期
- 一、二、三年期

零存整付

開戶時，約定每月存款金額（存款金額為新台幣一百元或其倍數），並選定存款期限，除第一次存款受理現金存入外，嗣後每月存款，應自本人存簿／劃撥帳戶自動轉存，到期領回本息。假設每一期存入三千元，選擇一年期，利率在百分之一．五的情況下，一年後可以拿回含本金及利息共三萬六千兩百九十五元。多出本金的兩百九十五元即是到期利息。

零存整付參考郵局存款期限：

- 六、九月期
- 一、二、三年期

外籍或大陸人士之存款期間不得逾居留證有效期限。

兒童理財型金融商品注意事項

部分銀行兒童帳戶，會提供不同於成年人帳戶的優惠方案，像是活儲存款，成年人帳戶利率百分之〇．二五，但兒童帳活儲利息百分之〇．三五，透過該兒童帳戶進行定期定額基金申購，甚至給予三至四折的手續費優惠，父母可以關注一下自己常往來的銀行有無提供這方面的優惠。提醒父母們，因為是標榜「兒童帳戶」，所以兒童帳戶有年齡上的限制，通常開戶年紀必須在十五歲以下，一過了這個年齡限制，就跟一般成年人戶頭無異。

FQ 教養重點

1. 兒童帳戶有年齡限制，一般開戶年紀必須在十五歲以下。
2. 可以跟存款單位約定進行整存整付、分期付息、零存整付，比普通存款的利息多。
3. 部分銀行兒童帳戶，會提供不同於成年人帳戶的優惠方案。

LESSON 31 運用兒童帳戶，帶孩子用基金長期理財

父母可以綁定銀行兒童帳戶，進行購買外幣或是基金扣款，雖然是以孩子的名義開戶，但操作上由父母掌握。每一種金融商品都有其屬性，在討論報酬率及配置前，我們應該先瞭解自己適合的投資工具，畢竟是作為長期持有的工具，一來適合作為孩子的投資理財，也適合父母的退休金規畫。

以下幾個金融工具提供父母一些原則方法，在教導孩子投資前必須注意，跟孩子一起擁有好財商！

慧眼挑基金的原理與原則

「用三千元可以買到全世界」，這句話解釋了買基金的最大好處，就是用最小的本金

> ### 外幣分批定存，匯率較為穩定
>
> 若孩子未來有出國就學的需求，可以分批買進外幣定存，父母們可以依未來出國的地區選擇相對應的貨幣，長期購買，匯率較為穩定。若是要出國時才一次性兌換，就必須承擔當下的匯差風險。

幫你做「資產配置」。就像買一張台積電的本金需要二十七萬一千五百元（2020.04.01 股價），但是買台灣為主的科技類型基金，最低扣款只要三千元，就可以買到台積電、鴻海、大立光等股票，也同樣是這些公司的小股東，參與公司的成長、分紅。

基金的簡單概念，就是大眾把錢交給專家（基金經理人）協助投資，這些專家的工作就是幫我們把錢投資在基金相關的區域、產業或是債券市場，每檔基金成立的目的皆有不同，市場上有非常多的類型提供選擇，父母們可以依照自己的興趣進行。

若父母在選擇上有困難，我在這裡提供一些多年的工作心得。我認為父母在幫孩子作基金配置上，首要條件就是擊敗通貨膨脹。現在是負利率的時代，加上最近美國降息，持有現金確實不是最好的方法，把錢放在銀行吹冷氣可是會越吹越薄——所以，投資的首要條件就是抗通膨。再來，因為是孩子的投資帳戶，「穩健」的獲利也是重要的！以下是我的進階說明：雙核心配置加上長期持有！

雙核心配置，運用核心持有搭配衛星配置理出好未來

資產配置，建議一次持有兩支基金運用，在預算有限的情況下，也可先持有一檔核心基金，優先作為長期扣款，每個月可扣三千元或五千元，屬於輕鬆投資的門檻。

核心基金

父母要選擇核心基金前，請注意幾個條件，會讓你的配置比較穩健。

⊕ 基金成立超過十年，基金經理人操盤超過十年

建議選擇有歷史的基金，雖說基金的架構本身已經避過一次風險，但有歷史的基金規模較大，經歷過景氣循環，還有多次多頭空頭行情，選擇上比較安心。當然基金經理人是要看績效的，一樣的投資，當然要找有經驗的經理人開車掌舵囉。

長期持有是關鍵

這點是大多數人扣款中最難持之以恆的，基金就是漲、跌都要買，對於基金持有者基本心態是買單位數，與 P.238 提到的買蘋果概念一樣，重點不在蘋果的價格（淨值），而是你有幾顆蘋果（單位數）。

記住，兒童帳戶開設的動機是給孩子使用，本身就該以長期持有的觀念進行操作。參考以上給父母們的選擇大方向及原則，可協助你挑選到適合的基金標的。

⊕ 五年同類型績效表現優勝 Top 5

投資要選擇資優基金，過去的表現雖然不代表未來績效，卻是一個很好的參考指標。

⊕ 看不懂基金的名字就不要買

名稱是你對這個基金的第一印象，畢竟選核心配置作為長期持有的基金，要非常謹慎！××亞洲成長良機基金、××全球資源基金，像這樣的基金名稱，在理解上比較不容易知道成長是如何？良機在哪裡？又是哪方面的資源？名字無法理解的基金，就不要購買。

⊕ 擊敗大盤

基金本身是給基金經理人操作，我們的最低要求就是比整體的大盤表現好上一些，所以在選擇基金時建議看看這項指標，不要只看漲的時候，要看跌的時候是否有跌得比大盤少一些，這很重要，表示這基金經理團隊是否有認真看市場，作出相對應的反應。建議大家到基智網（www.moneydj.com/funddjx/default.xdjhtm？m=2），協助你找到合適標的。

⊕ 以成熟型市場為主

所謂成熟型的市場，就像是已超過一百二十年的美國市場道瓊指數（一八九六年五月二十六日首次公布）。美國市場本身就是個成熟型市場，可作為核心的基金配置，即使市場跌深也會回來，跌深時甚至可透過不定時增額靈活運用，買更多單位數。相反的，若持有較為積極的虛擬貨幣型基金，像是比特幣（Bitcoin）這樣的虛擬貨幣，風險就較高，一來產品本身不是成熟市場，再來作為長期投資來說，波動過大也不合適。

衛星基金

有了核心持股之後，也可以配置少數衛星基金。建議金額小於或等於核心基金的扣款部位，如果核心基金是一個月扣款五千元，衛星型基金可以每個月配置三、四千元，讓整體的投資組合趨於穩健。衛星基金可配置不同市場或產業，選擇較為「積極」的型態，只是產業有時起有時落，需要適時轉換。

建議父母可以找喜歡、熟悉的產業或標的，如科技、黃金、石油、礦物、食品、醫療產業，或包含新興市場、新興歐洲等區域，這些市場本身的表現有時起落較大，若投資者擔心的話，建議還是以單純持有核心基金型態較佳。

以油價來說，目前是歷史的相對低點，對於加油的價格十分有感，九五汽油每公升十九．七元，（2020.4.3 中油公告價格），而石油類型的基金也是便宜的，作為衛星型態的配置，現在或許是個好的時機。

FQ 教養重點

1. 基金的簡單概念，就是大眾把錢交給專家（基金經理人）協助投資。
2. 挑基金的原理與原則：抗通膨、穩健的獲利。
3. 在配置上，可挑選穩健型態的核心基金，搭配積極型態的衛星基金。

LESSON 32

美股、台股生活連動強，教育孩子投資的最佳工具

從生活、媒介跟工具去看待投資，是非常有趣的。以美股來說，成為一家公司的股東，只要買進股數「一股」就可以囉！像廣為人知的可口可樂（COCA-COLA CO），目前股價是每股四十二美元（2020.03.30）。經過統計，無論可樂容量大小，全世界每天會有一億八千萬瓶的可樂被喝掉，這是個多驚人的數字！對於可口可樂公司來說，一瓶可樂利潤若只算十美分，這家公司每天就賺了一千八百萬美金的現金流！試問，世界上能每天賺一千八百萬美金的公司有幾家？而這間公司已成立超過一百三十四年（可口可樂西元於一八八六年五月八號誕生），品牌極有價值，這就是好的標的物。所以，跟孩子解釋投資，可以從生活中取材、教育並實際投入，是最好的。

兒童開證券戶注意事項

開戶的流程跟一般成人去證券商開戶沒什麼不同，但是要父母雙方到場，開戶所需的證件、一般規定如下：

一、孩子的戶口名簿（或戶籍謄本）、第二身分證件（如健保卡）、印章，七歲以下的小孩可不到場（小孩是否要到場，各家券商規定仍有所不同，建議開戶前先打電話詢問清楚）。

二、父母雙方的身分證、印章、第二身分證件，兩人都需要到場。若其中一人不到場而由另一人代辦，則需要未到場者簽名、蓋章的同意書。

跟孩子一起觀察生活，處處都是投資標的

爸爸喜歡的車子特斯拉（Tesla）、媽媽愛用的蘋果電腦（Apple）、孩子喜歡的迪士尼（Walt Disney），都可以是投資的標的！買一家公司的股票，即是參與一家公司的營運，而成為一家公司的小股東，必須要有長期持有的原則，才是正確的心態！短進短出的炒股，不適合作為孩子的金錢規畫，身為父母的我們先要區分投資跟投機的差異。

設立兒童帳戶時，孩子尚未成年，大部分的操作都須經過父母同意來執行，建議帳戶在孩子成年前由父母代為管理較為恰當。身為父母應該瞭解這個帳戶開設的目的，是讓孩子學習透過長期儲蓄及投資，經過時間的複利，累積自己的第一

投資成功的關鍵

電視或網路上有許多教股票、房地產、基金的理財節目，有的甚至點閱率破百萬。專業的老師，必須有本事提出具體看法，但許多主講人以庶民口語表達，甚至當成表演，吸引觀眾注目，要的只是節目的收視率，彷彿口味越重越能吸引股民的眼光。

為何有這麼多人，追理財節目像追劇一樣呢？

究其原因就是「人性」，因為大多數人並不喜歡「慢慢變有錢」，總是希望有捷徑，有快速的方法！所以聽老師的建議或聽名牌，似乎就是最快的方法，而這些人往往缺乏自我判斷的能力。從事金融業多年，我觀察到，能投資成功的人是極有自律的——也就是說，想要成功，就必須要有好的控制力。

好的控制力即是好情商的一環，孩子能抗拒誘惑，也是一種自律的表現。在我們課程中，教導孩子將收入分配成三個戶頭，就是培養他的控制力，希望藉此讓孩子擁有好情商、好財商！

桶金，或是出國留學甚至日後創業的資金。還記得在「投資」章節裡提到的，這是孩子的資產觀念裡「養鵝不殺」的基礎。

運用資產的收益

「優先把收入支付給誰」的觀念極為重要，我們的收入若一開始先支付給「消費」，慢慢地你會累積負債；如果一開始先把收入支付給「資產」，用這資產產生的收益去支付你的消費，這樣一來，這資產既不會不見，還可以享受資產每年帶給你的好處。

舉個例子：如果孩子喜歡去迪士

尼樂園，可計畫以孩子的壓歲錢買迪士尼的股票，先成為迪士尼的股東，然後參與迪士尼公司的分紅股利，再拿股利去迪士尼玩——這筆門票費用不僅是孩子的消費，同時也因為支付給投資的公司，所以也算是筆投資！記住！養鵝不殺的基本概念，就是把收入優先支付給你的資產。

FQ 教養重點

1. 從生活、媒介跟工具去看待投資，是非常有趣的。
2. 身為父母，要區分投資跟投機的差異。
3. 兒童帳戶開設的目的，是讓孩子學習透過長期儲蓄及投資，經過時間的複利，累積自己的第一桶金，必須牢記「養鵝不殺」的觀念。

LESSON 33

聰明買保險，把保費花在刀口上

現在孩子的保險產品可以說是琳瑯滿目，父母們在選擇上或許會有點困難，擔心保費付出去了到底有沒有買到合宜的保障？我們在這裡說明一些保險購買的原則。

首先搞清楚，保險最大的功用是「替代性收入」的概念——若一個人突然喪失工作能力，家庭的消費還是必須支出，這個缺口就由保險公司來承擔。我們所花出去的保費，就是將風險轉嫁給保險公司，因此保費也可以說是家庭必要性的支出，當風險來臨時，可以發揮槓桿作用，用小小的保費換來大大的保障。

那麼，孩子的保險該如何買呢？建議父母們採用「階段性購買」的方式，先求有再求好，不要一次到位而讓財務太過負擔。孩子的保險重點，是以醫療險為主，儲蓄險為輔，而壽險保障則以父母為主，用以保護父母們的工作能力。當家中有新生命來臨，家庭責任變大了，父母也別忘記檢視壽險保障額度，可用定期險的方式，換取較高的保障。

孩子的保險規畫，建議優先注意以下四大區塊：醫療雜費、住院日額的保障、意外保險、手術額度。先把這四個區塊顧好，有更多預算，才進階考慮重大傷病、癌症險、重大疾病、儲蓄險、長期看護險等規畫。

醫療雜費

有許多較好的用藥並非健保可給付，在這個情況下，就需要看被保人是否有足夠的保險，否則就要從平時的儲蓄去支付，比較嚴重的重大手術甚至可能需要變賣資產，這些都不是父母所樂見的狀況。

一般家屬都希望有最好的醫療品質，而決定醫療品質好壞的關鍵，就是雜費的額度夠不夠。「醫療雜費」簡單來說，就是要從口袋花出去的錢，像是指定醫師費、醫療材料費、自費耗材、醫藥費等，這些都會列在出院時的收據明細上，保險公司就會依此進行理賠。

目前的醫療十分進步，甚至可透過機器人幫病人進行開刀，「達文西手術」就是其一，好處是「傷口小、流血少、住院天數短、癒合快」，是很熱門的項目。通常，傳統手術後需要住院三至五天的觀察期，而達文西手術只需幾小時就可以下床——當然其費用也較昂貴，往往需自費十五至三十萬元。所以我們建議雜費的額度，基本配置十萬是必要的，甚至可以提升至三十萬。另外要注意雜費理賠是否包含「門診手術」，有些理賠規定是以住院為前提進行理賠，購買保險前一定要先問清楚，避免不必要的糾紛。

住院日額

住院日額規畫，多少才夠呢？我的建議是，住院病房差額加上看護一天的費用（或是照顧者的一日所得）。假設住雙人病房的費用一天是兩千元，若孩子生病由媽媽照料、需要請假，薪水的損失一天是兩千五百元，以此規畫住院日額保險額度為一日四千五百元。在日額保險規畫上這是最低的標準，少於這個標準就會成為負擔。

意外保險

孩子在成長過程中，難免有大大小小的意外發生，意外險的規畫不能少。但要注意，保險公司遵循《保險法》第一〇七條，以未滿十五歲之未成年人為被保險人訂立之人壽

保險契約，其死亡給付於被保險人滿十五歲之日起發生效力；被保險人滿十五歲前死亡者，保險人得加計利息退還所繳保險費，或返還投資型保險專設帳簿之帳戶價值。

被保人在滿十五歲前，無論壽險或是意外險的理賠，是退還所繳保費加計利息，主要立法目的是要避免道德風險。所以在孩子的意外險額度規畫上，每家保險公司也有所限制，通常是八十至一百萬，雖然保障額度有限制，不過意外險也有涵蓋了重大燒燙傷、意外造成的殘廢比例給付，保障算是相當完整，且保費支出相對醫療險低很多，再搭配意外醫療實報實銷（通常為二至五萬），這樣的意外險規畫就算完整了，如有預算，父母還可以加骨折險。意外險通常是採附約形式，每一年都可以調整——當然，保障越高，保費就越多。

醫療手術

手術費部分，可分成兩種手術理賠方式，一是「限額給付」，如限額為二十萬元以下的費用會全額理賠；二是依手術項目比例給付，如購買五十萬元保額，理賠算法為實際費用乘以手術費用表上的比例，才是理賠金額。因此建議應先確認給付比例是否符合需求，別只看保額就決定投保，否則理賠金額會有落差。手術險有些是終身型期滿，可以退所繳保費，雖然費用較高，但作為主約購買相當划算。還有，注意手術險是否有門診給付，在手術不需住院的情況下也能有理賠。

FQ教養重點

1. 保險最大的功用是「替代性收入」的概念。
2. 孩子的保險規畫，建議優先注意醫療雜費、住院日額的保障、意外保險、手術額度四大區塊。
3. 住院病房差額加上看護一天的費用（或是照顧者的一日所得），在日額保險規畫上是最低的標準，少於這個標準就會成為負擔。

COLUMN

從桌遊學理財！

桌遊是非常適合從玩中學的好工具，

讓我們一起挑選幾款桌遊，透過遊戲，親子一起聰明玩理財！

桌遊名稱	發行單位	適合年齡	財商內容
時間與錢幣生活量感學習寶盒	康軒出版社	學齡前（三至六歲）	以生活任務題型搭配趣味單元和教具，陪伴幼童從具體點數到抽象量感的認知過程，奠定理財、時間管理的基礎。
史錢時代	2Plus 桌遊設計工作室	六歲以上	練習以物易物，建立數量的概念。
辦公室達人	2Plus 桌遊設計工作室	六歲以上	理解工作實際運作，提升與他人合作的能力，訓練玩家在壓力下是否可以妥善安排時間事物。
歡樂種菜去	上誼文化實業股份有限公司	四至十歲	建立數學面積比較觀念，增進邏輯推理的能力，進而培養解決問題的能力。
聰明購物王	上誼文化實業股份有限公司	四歲以上	充滿購物樂趣的益智遊戲，透過擲骰子前進，同時要動腦採購食物。購物過程中可建立「數與量」的概念，並增進邏輯推理的能力。
期貨時代	2Plus 桌遊設計工作室	十歲以上	透過遊戲，讓孩子學會投資，用簡單的遊戲規則學會期貨交易。
我愛發薪日	台灣孩子之寶有限公司	六至十五歲	真實薪水投資遊戲，透過每個月生活實際會發生的事件，讓孩子打理如何透過薪水，聰明分配，有消費、投資還要存錢，在遊戲中學習理財。
富爸爸現金流	保富國際股份有限公司	十至九十九歲	一套訓練財務自由的桌遊，跟實際生活相當貼切，對我自己影響也是非常深遠。可透過遊戲學會如何運用非工資收入創造財富。非常適合父母使用，在孩子沒有財商基礎前，單純把它當做遊戲亦可。
愛瑪尼王國冒險	布萊恩兒商教育有限公司	六至十二歲	透過遊戲盒裡的四款小遊戲，將收入、消費、儲蓄、投資四個財商觀念融會貫通，亦可搭配教學課程，訓練孩子練習理財，在生活中玩出好財商！

後記

財商，就是生活

能有機會出版這本書，首先要謝謝大好書屋以及編輯團隊，才有機會分享這些年的教育心得。只是紙長情更長，想說的千言萬語，總是深怕在字句間講不清楚，還好有出色專業的編輯團隊，讓大眾在閱讀上可更加賞心悅目。

在寫作的過程中，心中唯一的期許就是希望透過文字，提供家長一個工具，從0開始教育孩子的基礎財商。「有效提升兒童財商，讓幸福從小扎根」是我的使命，無論在哪個地方分享演講，或團隊老師在執行課程，這都是我們常放在心上的重點。我也常跟夥伴分享，一個「好」的兒童財商教育團隊要符合三個條件——有正確財商觀念的老師、足夠的教學系統課程，以及要有能力教育家長。

其中，我認為最困難的就是第三點——有能力教育家長。在多年教學經驗中，我們讓孩子在課程中習得了金錢知識與技巧，孩子回家後卻聽見爸爸告誡：「剛剛摸完錢要去洗手，錢上面有很多細菌，很髒！」媽媽說：「上禮拜買給你的鉛筆，怎麼都弄丟了？

不要一直浪費錢好嗎！」奶奶疼惜孫子：「阿孫，這次考試若考一百分，阿嬤給你一百元唷！」這些種種，都將課堂教育打回原形。

一直以來，我們提倡「財商就是生活」，就是希望父母將生活的金錢語言設定歸零，並透過實用且活潑的內容，讓家長跟孩子調整成同頻率的金錢觀。在我們過去的經驗裡，其實教孩子與大人幾乎沒有差別：我們希望孩子能依據目的分配金錢，分別建立儲蓄、消費、捐贈、投資的帳戶；對應大人而言，這就是「資產配置」的觀念。

在父母課中，我會跟家長分享兩個重要時期的財商致勝關鍵：

第一，對兒童來說，財商的致勝關鍵就是「習慣養成」。

第二，對大人來說，財商的致勝關鍵就是「紀律」。

形塑財務智商，關鍵就在童年時期！請父母記得，每個日常情境都是培養孩子正確金錢觀的好機會；在教孩子的過程中，也請重新檢視自己的理財行為，讓親子都能夠擁有高FQ，成為負責的大人。

藉由本書的出版，跟父母們分享我們多年的實戰經驗與教學觀念，希望對各位的金錢教育有所幫助；即使是不善理財的父母，也能輕鬆跟著這本書，和孩子一起培養正確的理財觀念，航向財務自由的未來。

國家圖書館出版品預行編目資料

財商教養學，帶孩子玩出 FQ 力：5 歲起，從 3 個小豬公學會延遲享樂、控制欲望、有同理心，成為負責的大人 / 張森凱著 . -- 初版 . -- 臺北市 : 日月文化 , 2020.06
288 面 ; 16.7*23 公分 . --（高 EQ 父母 ; 79）
ISBN 978-986-248-886-7（平裝）
1. 個人理財 2. 投資
562 109006162

高 EQ 父母 79

財商教養學，帶孩子玩出 FQ 力

5 歲起，從 3 個小豬公學會延遲享樂、控制欲望、有同理心，成為負責的大人

作　　者：張森凱（Brain）
主　　編：俞聖柔
封面設計：ivy_design
美術設計：LittleWork 編輯設計室
行銷企劃：陳玟芯

發 行 人：洪祺祥
副總經理：洪偉傑
副總編輯：謝美玲
法律顧問：建大法律事務所
財務顧問：高威會計師事務所
出　　版：日月文化出版股份有限公司
製　　作：大好書屋
地　　址：台北市信義路三段 151 號 8 樓
電　　話：(02)2708-5509　傳　　真：(02)2708-6157
客服信箱：service@heliopolis.com.tw
網　　址：www.heliopolis.com.tw
郵撥帳號：19716071 日月文化出版股份有限公司

總 經 銷：聯合發行股份有限公司
電　　話：(02)2917-8022　傳　　真：(02)2915-7212
印　　刷：禾耕彩色印刷事業有限公司
初　　版：2020 年 6 月
定　　價：380 元
I S B N：978-986-248-886-7

與自己的金錢約定

我是__________________________。

從今天開始，

我與自己立下約定，

要成為金錢的好管家。

我知道每一塊錢的價值，

當我每次收到收入時，

都會先存後花，

善用每一塊錢是我的工作，

也是我的使命。

立約人：____________________小朋友

見證人：____________________（家長）

日期：________年________月________日

儲蓄 SAVE

月

我的夢想．金額 ____________

Picture

日期	存入金額	累積存款

SPEND

日期	項目	金額	餘額
	上週剩的錢	+	
	本週增加	+	
		-	
		-	
		-	
		-	
		-	
		-	
		-	

本週剩的錢 ______________________

我的點點貼紙紀錄

該完成的事＼星期	一	二	三	四	五	六	日

本週結算：____________________

圈圈塗色

發現工作大不同

學習目標：1. 了解勞動創造收入
2. 得知賺錢不容易
3. 認識各種類型的工作

把圈圈塗滿，看看誰能在三分鐘之內，塗完最多的圈圈，塗得越多就代表工作完成的越多，要記得把工作做好，圈圈一定要塗滿，也不可以超出框線。

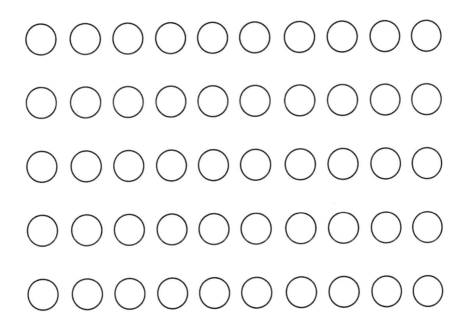

日字遊戲

發現我的腦袋會賺錢

學習目標：1. 介紹創意類工作
2. 創意帶來收入
3. 認識合作經濟

動動腦，請把以下的日字加上筆畫變成新的字或不同的圖案，看看誰最有創意。

日 日 日 日

日 日 日 日

日 日 日 日

日 日 日 日

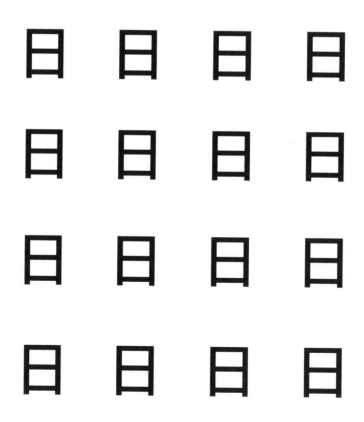

做這個工作的人：

要有大學學歷。

要喜歡小孩。

男性和女性都可以做這個工作。

大部分都在室內工作。

隨手都要準備很多的紙，鉛筆，蠟筆和書。

不在辦公室工作。

要幫助小朋友學新的事物。

做這個工作的人在教室上班。

做這個工作的人：

要有大學或高職學歷。

會學習到新的電腦語言。

會使用到硬體和軟體。

可能會使用到列印機。

可能會建立網站或撰寫程式。

可能會維修螢幕，鍵盤，主機。

在辦公室工作。

男性和女性都可以做這個工作。

做這個工作的人：

通常不需要上大學。

通常會穿制服或比較舊的衣服。

無論天氣好壞，這個工作都得在室外進行。

必須會開卡車。

可能把自己弄得很髒。

提供一種社區裡每個人都需要的服務。

男性和女性都可以做這個工作。

在不同的街道上穿梭。

會另外收集回收物品。

做這個工作的人：

不一定要上大學。

必須了解法律，知道如何與人溝通，會蒐集線索，解決問題。

要接受特別的體能訓練。

通常會穿制服。

會提供服務。

會輪值，所以一天24小時都會有人堅守崗位。

會使用特別的設備。

這個工作可能是危險的。

有時候會開一種特別的車。

財商教養學，
帶孩子玩出
FQ力

|職|業|卡|

財商教養學，
帶孩子玩出
FQ力

|職|業|卡|

財商教養學，
帶孩子玩出
FQ力

|職|業|卡|

財商教養學，
帶孩子玩出
FQ力

|職|業|卡|

做這個工作的人：

男性和女性都可以做這個工作。

要念七年的大學，而且還必須接受好幾年的專業訓練。

可能會穿制服或是袍子。

最常使用一種特別的配備讓他們可以聽到心跳，檢查別人的眼睛，鼻子，耳朵。

在辦公室，診所或醫院工作。

會幫助小朋友維持健康，或治療受傷或生病的小朋友。

做這個工作的人：

男性和女性都可以做這個工作。

做這個工作的人製造產品。

這個工作不需要大學學歷。

和機械裝置一起工作。

在室內工作。

在生產線上工作。

做這個工作的人需要很專心。

在工廠工作。

做這個工作的人：

男性和女性都可以做這個工作。

室內和室外都可以做這個工作。

做這個工作的人有一個工具箱。

要接受過特別的訓練，或被專業人士教導過。

最常使用槌子，鋸子，釘子，螺絲起子或是其他的工具。

會用木頭蓋房子或做各樣家具。

做這個工作的人：

男性和女性都可以做這個工作。

必須是很小心的駕駛員。

有可能為學校工作。

應該要喜歡與人接觸。

應該要喜歡駕駛。

幫助別人去上班，上學或其他的地方。

通常會開某個特定的路線。

財商教養學，
帶孩子玩出
FQ力

| 職 | 業 | 卡 |

財商教養學，
帶孩子玩出
FQ力

| 職 | 業 | 卡 |

財商教養學，
帶孩子玩出
FQ力

| 職 | 業 | 卡 |

財商教養學，
帶孩子玩出
FQ力

| 職 | 業 | 卡 |

做這個工作的人：

男性和女性都可以做這個工作。

不一定要上大學。

喜歡與人接觸。

要和電腦或收銀機一起工作。

要數錢。

協助客人購買商品或提供服務。

要站著工作。

也要檢查貨架上的商品。

做這個工作的人：

男性和女性都可以做這個工作。

要會文書處理。

有書桌。

要會使用電腦，電話，影印機，傳真機或其他辦公室設備。

要協助別人完成工作。

在辦公室工作。

做這個工作的人：

男性和女性都可以做這個工作。

不一定要上大學。

要接受特別的訓練。

要使用剪刀，吹風機和梳子。

幫助別人看起來更整潔，好看。

在店裡工作。

站著工作。

要處理別人的頭髮。

| 職業對應條件表 |

選取五個職業，
勾勾看每個職業需要的條件。

職業名稱	專業知識能力	認真負責態度	需花時間學習	基本認知能力

財商教養學，
帶孩子玩出
FQ力

|職|業|卡|

財商教養學，
帶孩子玩出
FQ力

|職|業|卡|

財商教養學，
帶孩子玩出
FQ力

|職|業|卡|

財商教養學，
帶孩子玩出
FQ力

|職|業|卡|

颱風來襲，房屋受損，

修理門窗2000元，

修理屋頂2500元，

若有投保房屋災害險，

可獲得保險公司4000元補償。

媽媽買菜時出車禍，

若媽媽有加入健康保險，
就支付1000元醫療費，

如果沒有健保，
請支付3000元醫療費，

如媽媽有購買醫療險，
可獲得保險公司1000元補償，

如媽媽有購買意外險，
可獲得保險公司1000元補償。

小朋友(弟弟或妹妹)
參加才藝大賽，

小朋友有進修的，

獲得最佳表現獎，

可獲得1200元。

小朋友(哥哥或姊姊)
在學校打躲避球時摔傷腳，

如果有加入健康保險，
請支付1200元醫療費，

如果沒有加入健保，
請支付3000元醫療費用，

若小朋友有購買醫療險，
可獲得保險公司1000元補償，

若小朋友購買意外險，
可獲得保險公司1000元補償。

財商教養學，
帶孩子玩出
FQ力”

|命|運|卡|

財商教養學，
帶孩子玩出
FQ力”

|命|運|卡|

財商教養學，
帶孩子玩出
FQ力”

|命|運|卡|

財商教養學，
帶孩子玩出
FQ力”

|命|運|卡|

股市波動，

投資股市或基金的家庭
可依此價格買入或賣出，

A股 股價一張1000元，

B股 股價一張 4000元，

A基金 基金一支2200元，

B基金 基金一支 1500元。

股市大漲，

投資股市或基金的家庭
可依此價格買入或賣出，

A股 股價一張3500元，

B股 股價一張 5000元，

A基金基金一支2500元，

B基金一支 3000元。

銀行發利息，

請有存款的組別，

每一千元可領取50元利息。

爸爸的公司有升遷的機會,

有進修的爸爸, 因能力較好,

獲得公司的賞識,

晉升為主管,

獲得加薪5000元。

財商教養學，
帶孩子玩出
FQ力

|命|運|卡|

財商教養學，
帶孩子玩出
FQ力

|命|運|卡|

財商教養學，
帶孩子玩出
FQ力

|命|運|卡|

財商教養學，
帶孩子玩出
FQ力

|命|運|卡|

家庭規畫表

選擇紀錄							實際紀錄	
類別		在□打 ✔	項目單價	數量	對象	支出	支出	收入
一、	儲蓄	拿薪水一部分來儲蓄	以 1000 元為單位					
二、	投資	□會□不會 買 A 股票	1 股 2000 元	__張				
		□會□不會 買 B 股票	1 股 3000 元	__張				
		□會□不會 買 A 基金	1 支 2500 元	__支				
		□會□不會 買 B 基金	1 支 2000 元	__支				
三、	進修	□會□不會 工作進修	1 人 2500 元	__人				
四、	學習	□會□不會 讓小孩學才藝	1 人 1000 元	__人				
五、	健保	□會□不會 買全民健康保險	1 人 200 元	__人				
六、	其他人身保險	□會□不會 買意外險	1 人 300 元	__人				
		□會□不會 買醫療險	1 人 500 元	__人				
七、	財產保險	□會□不會 買房屋災害險	2000 元					
剩餘金額：　　　　元								

家庭規畫表

選擇紀錄							實際紀錄	
類別		在□打✔	項目單價	數量	對象	支出	支出	收入
一、	儲蓄	拿薪水一部分來儲蓄	以 1000 元為單位					
二、	投資	□會□不會 買 A 股票	1 股 2000 元	__張				
		□會□不會 買 B 股票	1 股 3000 元	__張				
		□會□不會 買 A 基金	1 支 2500 元	__支				
		□會□不會 買 B 基金	1 支 2000 元	__支				
三、	進修	□會□不會 工作進修	1 人 2500 元	__人				
四、	學習	□會□不會 讓小孩學才藝	1 人 1000 元	__人				
五、	健保	□會□不會 買全民健康保險	1 人 200 元	__人				
六、	其他人身保險	□會□不會 買意外險	1 人 300 元	__人				
		□會□不會 買醫療險	1 人 500 元	__人				
七、	財產保險	□會□不會 買房屋災害險	2000 元					
剩餘金額：　　　　元								